上海市银行博物馆
——编

图史流金

中国金融之最

中国出版集团 東方出版中心

图书在版编目（CIP）数据

图史流金：中国金融之最 / 上海市银行博物馆编. — 上海：东方出版中心, 2020.10
ISBN 978-7-5473-1696-2

Ⅰ. ①图… Ⅱ. ①上… Ⅲ. ①金融－经济史－中国－文集 Ⅳ. ①F832.9-53

中国版本图书馆CIP数据核字(2020)第185148号

图史流金：中国金融之最

编　　者　上海市银行博物馆
责任编辑　肖春茂
装帧设计　陈绿竞

出版发行　东方出版中心
地　　址　上海市仙霞路345号
邮政编码　200336
电　　话　021-62417400
印 刷 者　上海丽佳制版印刷有限公司

开　　本　890mm × 1240mm　1/32
印　　张　9.5
字　　数　119千字
版　　次　2020年12月第1版
印　　次　2020年12月第1次印刷
定　　价　58.00元

前言

金融与人们的生活息息相关，但“金融”一词在中国出现则已经是20世纪初期。金融，意指资金融通，包括货币、信用和与之有关的各种经济活动。中国古代没有“金融”这个词，但货币、信用和与之相关的行为，却可回望至数千年之前。中国金融业有悠久的历史和独特的文化传承，发展过程中不断与其他国家和民族相互碰撞交融，呈现出独具特色的面貌。

历史，是偶然性和必然性交融的产物。在漫长的中国金融业发展过程中，有许多值得探寻和研究的片段，如同贝壳静静躺在海边的沙滩上，等待人们去拾获。从货币的源流演变，到信用机构的运行发展；从金融制度的产生和成熟，到各种理论的交锋争鸣……有意无意间，许多中国金融的第一、之最就此产生。

海贝，是中国最早的货币，而在编写本书的过程中，上海市银行博物馆就像金融历史海滩边的“拾贝者”，搜集和整理资料，如同寻找最为光彩照人的贝壳，洗去砂砾、精心拂拭，并将其串联起来，用来讲述金融“海洋”的故事。本书搜集、整理了从商代至中华人民共和国成立初期的中国金融史之最，内容涉及银行史、货币史等相关的标志性事件，以首例、发端、特例等为主。全书分三大部分，一是组织机构篇，包括钱庄、票号、银行、保险公司、典当行等信用机构及其业务产品的肇始与巅峰；二是理论制度篇，包括金融方面最早产生的理论思想、最有价值的著作、最有影响力的制度法规等内容；三是货币流通篇，包括中国古代至近代货币史中有开创性或代表性的各类钱币。本书一事一叙，图文并茂，林林总总共计 100 篇文章，以通俗易懂的形式将中国金融之最呈现于读者眼前。

溯江河者必觅其源，登高峰者必造其极。今天的中国金融业正以日新月异之态呈现在世界眼前，或许每天都在创造着新的第一和之最。现实源自历史，自信根植于文化，我们在取得新的成就之时，仍需要时常去叩问历史的脉搏，不断从各种偶然和必然中汲取养分、获得镜鉴，这或许就是出版这样一本读物的意义。

上海市银行博物馆

2020 年 6 月

目录

银海钩沉——组织机构篇

01. 中国最早的典当机构——寺库 / 002
02. 中国最早的票号——山西日升昌票号 / 006
03. 第一家进入中国的外资银行——丽如银行 / 009
04. 中国最早的中外合资银行——华俄道胜银行 / 012
05. 中国第一家华资银行——中国通商银行 / 016
06. 中国最早的国家银行——户部银行 / 019
07. 中国最早的纯私人资本银行——信成银行 / 024
08. 中国最早的大学生银行——北京大学学生储蓄银行 / 027
09. 中国最早的邮政储蓄机构——北洋政府邮政储金股 / 029
10. 中国共产党创建的第一家革命银行——
柴山洲特别区第一农民银行 / 032
11. 中国第一个以“国家”命名的银行——
中华苏维埃共和国国家银行 / 035
12. 中国最早的外资保险公司——谏当保安行 / 038

13. 中国最早的华资保险公司——义和公司保险行 / 040
14. 中国第一家专营寿险的保险公司——华安合群保寿公司 / 043
15. 中国最早的保险同业公会组织——华商火险公会 / 047
16. 中国最早的股份制企业——轮船招商局 / 050
17. 中国现存最早股票的发行企业——开平矿务局 / 053
18. 中国最早的国家造币厂——户部造币总厂 / 057
19. 中国第一个正规化的票据交换所——上海票据交换所 / 060
20. 中国最早的信托公司——上海通易信托公司 / 063
21. 中国最早的华资证券交易所——北平证券交易所 / 066
22. 中国近代规模最大的证券交易所——上海华商证券交易所 / 069
23. 中国最早的信用合作组织——上海国民合作储蓄银行 / 072
24. 中国最具代表性的女子银行——上海女子商业储蓄银行 / 074
25. 中国最早的 24 小时营业银行——上海日夜银行 / 078
26. 中国最早的有奖储蓄机构——万国储蓄会 / 081
27. 中国最早开办礼仪储蓄的银行——上海商业储蓄银行 / 084
28. 中国最早的农村信用合作社——河北香河第一信用合作社 / 087
29. 在中国设立时间最长的外资银行——汇丰银行 / 090
30. 中国第一家儿童储蓄银行——北京香山慈幼院儿童储蓄银行 / 095
31. 中国第一家征信机构——中国征信所 / 098

金章云开——理论制度篇

32. 中国最早的货币理论——子母相权论 / 102
33. 中国最早有文字记载的单式记账法——商代甲骨卜辞 / 105
34. 中国最早出现“会计”一词的朝代——西周 / 108
35. 中国最古老的专门计算方法——筹算 / 110
36. 中国最早的会计专著——《元和国计簿》 / 113
37. 中国最早的本位货币思想——法钱 / 115
38. 中国最早记录劣币驱逐良币规律的人——贾谊 / 118
39. 中国最早的货币史著作——《史记 · 平准书》 / 121
40. 中国现存最早的钱币学术著作——《泉志》 / 123
41. 中国最早的货币史料汇编——《通典 · 食货典》 / 126
42. 中国最早论及货币流通速度同货币数量关系的理论——沈括的货币流通速度论 / 129
43. 中国古代对纸币发行准备金的最早论述——周行己的钱物相等论 / 131
44. 中国最早主张使用黄金和白银铸币的史学家——王祎 / 134
45. 中国历史上使用最广泛、影响最大的计算工具——算盘 / 136
46. 中国最早的复式记账法——龙门账 / 139
47. 中国最早的钱币学官方著录——《钱录》 / 141

48. 中国最早出版的提到“银行”的书——
《智环启蒙塾课初步》 / 143
49. 中国最早提出办银行设想的人与书——
洪仁玕与《资政新篇》 / 146
50. 中国第一个会计师和最早的会计师制度——
谢霖与《会计师暂行章程》 / 148
51. 中国现存最早的货币法——《金布律》 / 151
52. 中国最早完备的兑换纸币制度条例——
《至元宝钞通行条划》 / 156
53. 中国最复杂的货币制度——王莽推行的宝货制 / 160
54. 中国最早发行的国家公债——息借商款 / 163
55. 中国最早的银行法——《大清银行则例》 / 165
56. 中国最早的银本位制条例——《币制则例》 / 167
57. 中国最早的证券交易法规——
北洋政府《证券交易所法》 / 169
58. 中国最早的会计法——北洋政府《会计法》 / 172
59. 中国最早的票据法——《中华民国票据法》 / 175
60. 中国最早的金融专业刊物——《银行周报》 / 178
61. 中国最早推行“汇兑本位”制度的政策——法币政策 / 180
62. 中国近代最严重的一次通货膨胀——
民国晚期通货膨胀 / 183

方圆寻踪——货币流通篇

63. 中国最早的货币——海贝 / 188

64. 中国最早的金属货币——铜仿贝 / 191

65. 中国最早的纪念币——“齐建邦长法化”六字刀 / 193

66. 中国最早的黄金铸币——郢爰 / 195

67. 中国最早的银铸币——银空首布 / 197

68. 中国最早的统一流通货币——秦半两 / 199

69. 中国最早的压岁钱——西汉压胜钱 / 201

70. 中国最早以“铢”为钱文的钱币——西汉三铢 / 204

71. 中国使用时间最长的钱币——五铢钱 / 206

72. 中国最早使用错金工艺的钱币——一刀平五千 / 208

73. 中国面值最大的铜钱——国宝金匮直万 / 210

74. 中国最早有民族文字的钱币——和田马钱 / 213

75. 中国最轻的钱——鹅眼钱 / 216

76. 中国最早的年号钱——汉兴钱 / 219

77. 中国最早的佛铜铸钱——会昌开元 / 221

78. 中国独一无二的古代纪念币品类——玳瑁币 / 224

79. 中国最早以“元宝”命名的铜钱——得壹元宝 / 227

80. 中国最早的宝文钱——开元通宝 / 230

81. 中国最早的对钱——南唐通宝钱 / 232

82. 中国现存最早的农民政权自铸钱币——应运元宝 / 235
83. 中国最早的御书钱——淳化元宝 / 237
84. 中国最早的纸币——交子 / 240
85. 中国现存最早的纸币——中统元宝交钞 / 243
86. 中国票幅最大的纸币——大明宝钞 / 246
87. 中国最早的机铸银元——吉林厂平 / 249
88. 最早流入中国的外国银元——西班牙本洋 / 252
89. 中国最大最重的铜币——太平天国特大花钱 / 255
90. 中国使用时间最短的铜币——祺祥钱 / 258
91. 中国最早由华资银行发行的纸币——中国通商银行兑换券 / 261
92. 中国最早铸有人物图像的银币——四川卢比 / 264
93. 中国文字最多的纸币——信义银行纸币 / 267
94. 中国最早采用钢凹版雕刻技术印制的钞票——大清银行兑换券 / 271
95. 中国最后一枚圆形方孔钱——民国通宝 / 274
96. 中国票幅最小的纸币——兴国县商会壹枚铜元票 / 277
97. 中国面额最奇特的纸币——光华商店代价券柒角伍分券 / 279
98. 中国面额最大的纸币——新疆省银行 60 亿元 / 282
99. 国民党在大陆最后发行的货币——“海南银行银圆券” / 286
100. 中国第一张人民币——第一套人民币水车和矿车五十元 / 289

后记 / 293

银海钩沉

组织机构篇

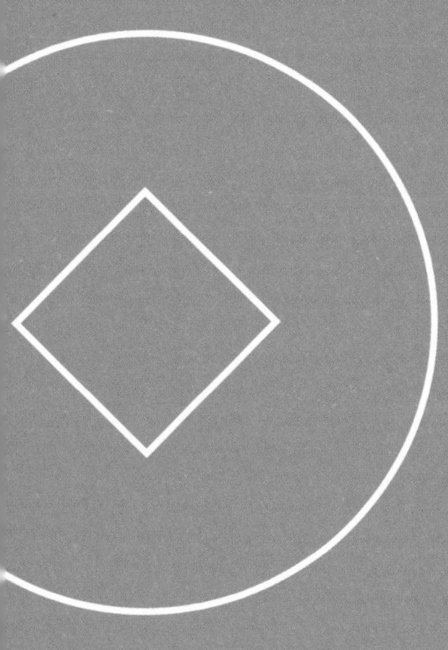

中国最早的典当机构

寺库

典当机构，是以财物作为抵押进行有偿、有期限的借贷融资的信用机构。典当业是中国乃至世界上历史最悠久的金融行业。历史上，对抵押取赎的经济行为有很多称谓，如质、典、当、押等，但它们的本质都是一样的。南北朝时期，佛教寺院里出现了中国最早的典当机构——寺库。

典当业萌芽于两汉时期，在南北朝时期取得了初步发展。南北朝时期，中国处于战乱之中，民族矛盾和阶级矛盾交织，贪官污吏横行，苛捐杂税繁重，如果遇到水、旱、蝗、震等自然灾害，平民百姓要维持生计就更加困难了。因此，百姓对资金的融通有迫切的需求。当时，佛教在中国进一步传播，它宣扬的因果报应、来世轮回、极乐世界等观念像一种安慰剂，为艰难求生的百姓提供了精神支柱。大量的劳动人民开始信仰佛教。统治者利用这一现象，大力扶植佛教，以缓和矛盾、维护统治。上至皇亲国戚、世家望族，下到平民百姓，

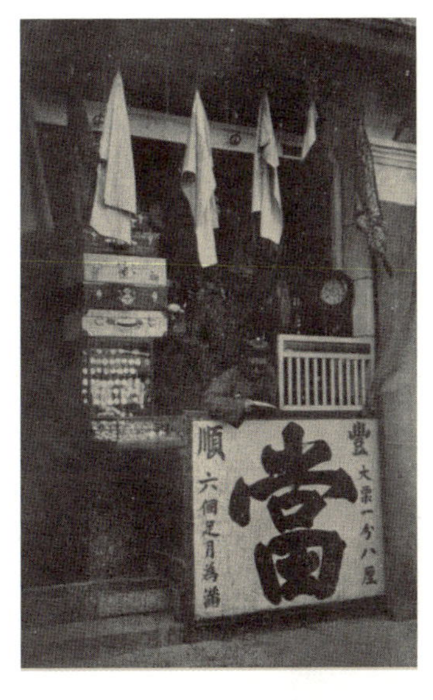

近代当铺场景

纷纷捐赠香火钱，施田施物以供养寺庙、僧尼。以“皇帝菩萨”自诩的梁武帝曾三次舍身入同泰寺，让大臣用重金将他赎回；北齐一度以国库的三分之一供奉佛教寺院。在统治者的支持下，一时间寺院庙宇、石窟佛像如春笋破地，数量激增。北齐时，全境总人口 2 200 多万，有 4 万余所寺院，僧尼人数超过 200 万。

寺院拥有大量的土地和财富，于是开始利用自身的资源创造收入，除了经营商业、地产等之外，还有一种方式就是置库举质、对外放贷。寺库为平民办理质押贷款业务，要求债务人提供财物作担保，进行高利贷资本的放债。寺库的放款对象来自不同阶层，可接收不同种类的抵押品，黄牛、苎麻亦可作质物。如《南史 · 甄张崇传》中有记载:“法崇孙彬。彬有行业，乡党称善。尝以一束苎就州长沙寺库质钱，后赎苎还，于苎束中得五两金，以手巾裹之，彬得，送还寺库。”证明了南朝时，长沙寺中设有寺库，可用苎麻来抵押借钱。陆游在《老学庵笔记》中有语:“今僧寺辄作库质钱取利，谓之长生库，至为鄙恶。予按梁甄彬尝以束苎就长沙寺库质钱……”再次印证了南朝梁时寺库的存在，并把寺库与长生库画上等号。“长生”来自佛教“无尽财”

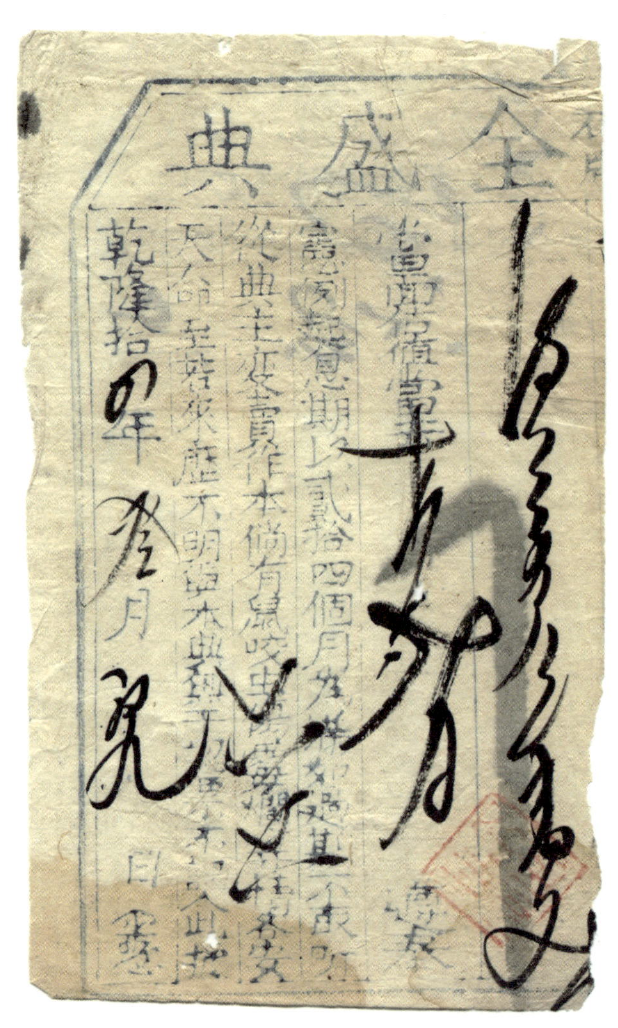

清乾隆年间当铺当票

的思想，指将富余的资财出贷“生长”，既可源源不断地生息积财，又是解决人们一时窘急的慈善之举。

初期，寺库中只有僧办典当一种模式，没有脱离寺院经济而独立。到了唐朝，典当业的规模开始壮大，寺院、地主、商人乃至官员，纷纷开设质库，以增殖财富。到了明清两代，典当机构遍及全国，以商人资本为主体的民营典当兴盛，寺院经济中的典当活动几乎消失了。起初，典当号称以“救灾赈荒”为本，但它并不是慈善事业，相反，许多典当的利率极高，其不合理的抵押要求是对人民的高利盘剥。中华人民共和国成立后，人民政府严厉打击高利贷，取缔私人当铺。改革开放后，典当业复兴，属于融资借贷类的金融行业。

中国最早的票号

02

山西日升昌票号

我国的第一家票号诞生于山西平遥，名为日升昌，其旧址位于平遥古城的西大街，如今已成为中国票号博物馆。在日升昌之前，中国既无票号这一机构，也无专营汇兑的行当。日升昌的前身是平遥城里的西裕成颜料庄。嘉庆年间，晋商多经营颜料、棉花等大宗贸易，商品交易数额巨大，经商路线和分支机构遍及全国各地。长途押运钱款的成本高、风险大，托镖局护送银两的传统办法逐渐不能满足商业发展的需要。西裕成颜料庄的经理雷履泰最先想出了解决办法。当时，西裕成在北京、天津、汉口等地皆有分号，资本雄厚，雷履泰为人仗义且诚信，常受人之托代办银两汇兑，同乡把银两交给其北京分号，再发信通知平遥总号，在平遥提取现银。后来，这种捎托业务有了规模，托汇者需缴纳一些手续费，若西裕成主动招揽汇兑者，也需向汇兑者交贴利。雷履泰此时对经营汇兑的商机和前景已成竹在胸，果断建议东家李大

日升昌票号招牌

全将颜料庄改成专营汇兑和存放款的票号。道光三年（1823 年），日升昌正式成立，成为中国第一家票号。雷履泰因开创了票号大业，被誉为票号的创始人。

日升昌票号创立后，雷履泰出任大掌柜，在二掌柜毛鸿翙、三掌柜程大培的协助下，大刀阔斧地建章立制，创设了一套行之有效的管理制度和经营模式，如所有权与经营权相分离的制度、员工分红倍股制度、学徒举荐制度等。另外，票号在防伪技术上也大有创新，其设计使用的水印、密押等防伪措施安全性极高，经营百余年间未曾发生过一起仿造、冒领事件。

票号的产生是商品经济发展的必然结果，加上经营得当，管理严格，日升昌票号蓬勃发展，很快便加设了 40 多处分号，鼎盛时期业务扩张至俄国、英国、美国等地。日升昌票号的高额利润吸引了众多商家去投资这个新兴行业。从道光三年（1823 年）到光绪三十二年（1906 年），平遥票号在全国 100 多个城市开设了 450 家分号，经营金额高达八亿两白银，甚至清政府的税收、军饷也交由山西票号汇兑存储。“平遥帮”留下的“汇通天下”“九州利赖”的名声远播海内外。

日升昌票号的出现，标志着中国票号的诞生，开创了中国金融业的新纪元，推动了中国商品经济的快速发展。创新、诚信、克己、合作的山西票号，在中国的商业史和金融史上，都是里程碑式的存在。

汇通天下牌匾

第一家进入中国的外资银行——03

丽如银行

鸦片战争前，我国只有钱庄、票号等传统信用机构，直到《南京条约》签订，清政府允许五口通商，国内才陆续出现了外国银行的身影。英资东方银行（Oriental Bank）成为我国第一家外资银行。东方银行的前身为西印度银行，总行设于印度孟买，1845 年更名为东藩汇理银行，总行迁至英国伦敦。作为英国进行资本输出的金融堡垒，东方银行先后在香港、广州（1845 年）和上海（1847 年）等通商口岸设立分支机构。咸丰元年（1851 年），英国政府授予东方银行“皇家特许状”，鼓励其“在好望角以东任何地区建立机构，经营兑换、存款和汇划事业”。东方银行在进入上海时，为了入乡随俗，起了个中文名字——丽如。“丽如”一词出自《周易》，八卦中的离卦代表“东方”之卦，卦象如旭日东升，取“东方丽如”艳丽、兴旺之意。

早期丽如银行在华的业务活动，主要是为英国人的贸易

丽如银行

服务，业务侧重于国际汇兑，为英国、中国、印度之间的三角贸易提供便利。19 世纪 50 年代后，业务发展迅速，咸丰元年（1851 年）实收资本为 60 万英镑，到咸丰六年（1856 年）增为 126 万英镑。在这期间，丽如银行从包括鸦片贸易在内的英国对华贸易中攫取了巨额利润。作为“特许银行”，丽如银行得到了英国政府的特别庇护和支持，“皇家特许状”甚至授予其在中国的“发行银行的资格”。1847 年，丽如银行在香港发行钞票，这是中国最早流通的现代纸币，也是外

No. 20346 No. 20346

SHARE CERTIFICATE.

INCORPORATED BY ROYAL CHARTER

This is to Certify that Pestonjee Ruttonjee of Bombay Shroff is the Proprietor of a Share of £25 in the Capital of the ORIENTAL BANK CORPORATION subject to the regulations of the Charter and transferable with Consent of the Directors.

Given under the Common Seal of the Corporation the Second day of January 1852

Chief Manager

Entered Accountant.

丽如银行股票

资银行在华发行货币并进行金融掠夺的开端。据资料记载，19世纪50年代，上海流通的钞票大都是由丽如银行发行的。在汇丰银行成立之前，丽如银行在远东的地位“几乎像英格兰银行在英国的地位一样”。但自同治四年（1865年）汇丰银行成立后，其地位逐渐被汇丰银行取代。光绪十年（1884年），丽如银行因在斯里兰卡投资失败，亏损较巨而停业清理。半年后，在原创办人卡基尔（W.W.Cangia）的推动下，成立了新丽如银行（New Oriental Bank），总行仍在伦敦，海外分行由当地有势力的股东组成董事会。无奈经营不见起色，且在外汇经营和投资放款上再遭损失，光绪十八年（1892年）6月9日伦敦总行决定停止营业，上海分行亦即告清理。同年底，上海分行营业大楼售予麦加利银行，结束了其在华四十余年的历史。

丽如银行是鸦片战争后出现在我国的第一家外资银行，揭开了近代上海银行业乃至金融业发展的序幕。

中国最早的中外合资银行

04

华俄道胜银行

1895年，俄国圣彼得堡万国商务银行与法国霍丁银行、巴黎荷兰银行、里昂信贷银行、巴黎国家贴现银行等合资成立道胜银行，资本600万卢布，5/8由法国募集，其余由沙俄募集。资金方面虽以法国居多，但支配权掌握在俄国手中。道胜银行的成立主要是为了便于与中国签订各种铁路建设合同，操控中国的铁路权。建行次年，沙俄政府诱迫清政府从俄法借款项内拨出500万两白银作为投资。清政府当时也意识到完全由外资银行垄断我国的铁路建设多有不利，便同意此要求，出资500万两白银（合756万卢布），联合组成华俄道胜银行。华俄道胜银行成为中国第一家中外合办的银行，也是清政府与外资合伙经营的唯一一家银行。沙俄政府颁布的《华俄道胜银行条例》规定，银行有权代收中国各种税收，有权经营与地方及国库有关的业务，可以铸造中国政府许可的货币，有权代还中国政

外滩15号华俄道胜银行

上海華俄道勝銀行
Шанхай
РУССКО-АЗІАТСКІЙ БАНКЪ
ПЯТЬ ДОЛЛАРОВЪ МОНЕТОЮ МѢСТНАГО ОБРАЩЕНІЯ
伍圓
伍圓
上海
上海
14 JULY 1917

华俄道胜银行纸币

府所募公债利息，可以敷设中国境内铁道和电线等工程。这些条款严重侵犯了中国的经济权益与国家主权，暴露了沙俄在中俄合办名义下扩大对华侵略的阴谋。

华俄道胜银行总部设在沙俄的首府圣彼得堡，在中国各地设分行和代理处，享有代收关税和盐税、经营铁路建筑、发行卢布（羌帖）等各项特权，资本增长速度极快。1910 年，华俄道胜银行与另一家俄法合资的银行（北方银行）合并，改称“俄亚银行”。1917 年，俄国十月革命后，俄亚银行总行及 85 处分行被苏维埃政权收归国有，业务极度萎缩，总行也从圣彼得堡迁往巴黎。1926 年 9 月，巴黎总行因外汇投机交易失败，宣告停业倒闭。在华各地分行也随之倒闭，所发行巨额纸币皆成废纸，无数中国人因之倾家荡产，并欠下中国政府巨额公款。华俄道胜银行名为“中外合办”，实无平等合作之举。清政府巨资入股后，对银行各项事务竟无权过问，因此，华俄道胜银行本质上还是一家外籍银行，亦是沙俄对中国进行经济侵略的一家金融机构。

中国第一家华资银行

05

中国通商银行

中国通商银行由督办全国铁路事务大臣盛宣怀奏准清廷后，于光绪二十三年四月二十六日(1897年5月27日)在上海成立。它是中国人自办的第一家银行，也是我国最早开设的华资商业银行。其成立从现实需求出发，盛宣怀提出“因铁路不能不办银行”，中国须有自己的银行来运作资金、支援实业、增加收入，从而“通华商之气脉，杜洋商之挟持”，抵制西方列强的经济掠夺。在其创建过程中，遭遇了多方阻挠——不同派系的争夺、官僚主义的压制、原有金融机构的排挤、列强的干涉等，但盛宣怀据理力争，灵活应对，最终采取“官助商办”模式创办出了中国第一家现代化的商业银行。

中国通商银行设总行于上海，并先后在汉口、北京、天津、广州、镇江、福州、香港等城市设立分支行，共计达15处之多。中国通商银行创立时，招商股500万两，先收半数（250万

中国通商银行大楼

两），并商借度支部库银100万两，最大的股东是洋务派的招商局和电报局，其余多为官僚及买办。名为商办，实系奉旨设立的官商合办性质，规定“权归总董，利归股商”，大权由盛宣怀一人独揽。中国通商银行的成立比最早进入中国的英资丽如银行迟了半个世纪，此时，中国尚无银行法令及成规可援，故一切组织管理及营业规则，多以汇丰银行为参照，采用双规经理制进行管理，账册、簿据等全部用英文记载；并借重外才，征用客卿，如聘任英人美德伦为洋大班，沪上钱业领袖陈笙郊为华大班，借以融通中外金融。

盛宣怀

中国通商银行吸收了西方银行的先进制度，开展新式的存储、汇兑、放贷业务，发行了中国人自己的银行纸币，意图打破外资银行对金融市场的垄断控制。其诞生与发展，触犯了外资银行和封建保守派官僚的既得利益，遭遇了多方势力的重重阻拦，如外资银行大多拒绝与中国通商银行往来，企图孤立并吞并之。光绪二十六年（1900 年），八国联军攻占北京，其京行首遭焚毁，天津分行亦随之收束，业务渐告不振。五年后，只余北京、汉口两个分行和烟台一个支行。民国时期，该行转为纯粹的商业银行。1935 年，中国通商银行因滥发银行券引起挤兑，国民政府介入，由官僚资本银行注入“官股”，改组为“官商合办”银行。中国通商银行从此为国民政府所控制，与四明商业储蓄银行、中国实业银行、中国国货银行合称为“小四行”。中华人民共和国成立后，人民政府接收中国通商银行的官僚资本部分作为公股，加入公私合营银行。

户部银行

鸦片战争后，外国银行陆续入驻各通商口岸，它们凭借特权肆意发钞，意图操控中国的金融财政；国内也纷纷办起官银钱局、钱庄、票号，在准备金不足的情况下，一味发行各类钱票、庄票以敛财。一时间，各种钞票混合流通或各占一隅，金融秩序非常紊乱。更何况当时内忧外患下，清政府欠下大量赔款、外债，国库匮乏，任何改革都无从实施。有识之士认为此种局面下，须办起国家银行，统一发行货币，整顿金融币制，挽救财政困局。时任军机大臣奕劻与户部尚书鹿传霖极力主张集中财权，仿照西方国家创办国家银行。光绪二十九年（1903 年），清朝廷派人赴日考察，筹设中央银行相关事宜。光绪三十年正月廿八（1904 年 3 月 14 日），户部向皇上奏报创办银行计划，奏曰："现当整齐币制之际，亟赖设立中央银行为推行枢纽。臣等再三筹商，拟由户部设立，筹集股本，参阅各国银行章程，斟酌损益，迅即办起银

大清银行第一次会议官商合影

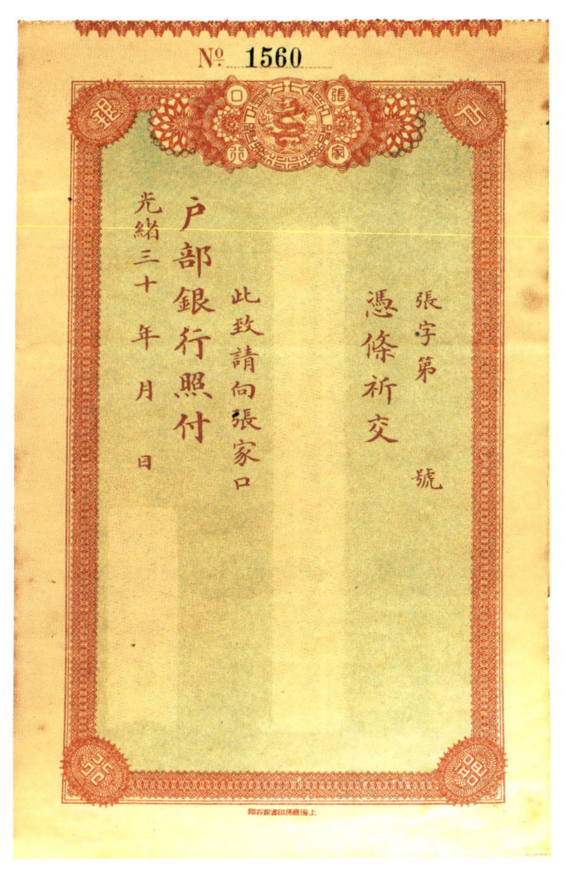

№ 1560

張字第　號
憑條祈交
此致請向張家口
户部銀行照付
光緒三十　年　月　日

上海商務印書館石印

户部银行支票

行，以为财币流转总汇之所。”不久，户部拟订了《试办银行章程》，恭呈御览。清廷见奏，当即批准了这个银行章程。

1905 年 9 月 27 日，清政府在北京设立“户部银行”，这便是我国最早由官方开办的国家银行。户部银行为官商合办的股份制银行，准备资本为库平银 400 万两，分为 4 万股，户部认购一半，其余由官商民众购买，只限于中国人，不可转卖给外国人。总行设于北京东交民巷，随后在天津、上海、济南、汉口、奉天、库伦等地成立分号、分行，至宣统二年，已有分行 21 家，分号 35 家。光绪三十二年（1906 年），户部更名为度支部。三十四年（1908 年），为了进一步加强清廷财政集权，以度支部尚书载泽为首的清朝皇族势力推动户部银行改组，度支部奏准改银行名为大清银行，并奏定《大清银行则例》24 条，确定该行的国家银行性质和中央银行职能。银行总办改称监督，并由度支部奏派监理官二人，监理一切行务；又于股本 400 万两之外，增加 600 万两，分为 6 万股，称为新股，原 4 万股称为“旧股”，共计股本 1 000 万两，新股仍为公商各半；其后发行的纸币一律以大清银行为币名，原户部银行纸币逐步收兑。

该行除经营存贷款项、买卖金银、汇兑划拨等一般银行业务外，还有承领银铜铸币、发行纸币、代理国库等特权，实际上具有中央银行和商业银行二重性质。发行的纸币有库平银一百两、五十两、十两、五两、一两这五种银两票及银元票，并有百两以上的银票、制钱票及各种票据。1910 年底，大清银行的各项存款已达 5 900 余万两，放款余额 6 400 余万两，成为国内规模最大的金融机构。

不久，辛亥革命爆发，清王朝倾颓，大清银行受到冲击，各分行相继停业。步入民国，“大清”二字已无意义，吴鼎昌、叶揆初、宋汉章等发起成立大清银行商股联合会，请求将大清银行改组为中国银行。此提议经过一系列审议讨论后，孙中山于 1912 年 1 月 24 日正式批准成立中国银行，行使中央银行的职能。2 月 5 日，中国银行在上海汉口路 3 号（大清银行旧址）开始营业，大清银行正式退出了历史舞台。

中国最早的纯私人资本银行——

07

信成银行

上海开埠之后，帝国主义国家相继在上海开设银行，我国的经济命脉掌控在外国人手中。有识之士纷纷呼吁中国自办银行，以便自主控制金融和财政大权。银行业的丰厚利润以及对经济的推动作用也使人们认识到“振兴实业，首重金融”的道理，以中国通商银行为开端，中国人自办华资银行的风气渐盛。我国近代第一家纯商办的储蓄银行——上海信成银行，就是在这股潮流中诞生的。

信成银行由无锡实业家周舜卿和上海商人沈缦云等人发起兴办，于清光绪三十二年（1906 年）春召开创立会，推定了首届董事会人选，随即呈文清政府商部注册，不久得到批准，9 月 11 日正式营业。总行设于上海，行址选于上海南市大东门万聚码头江畔，同时在北市自来水桥浜北（现北苏州路 176 号）设立分行。随着业务规模的扩大，相继在无锡、南京、天津、北京等地设立代理处。

信成银行大楼

早于信成银行成立的中国通商银行和户部银行都尚未开办储蓄业务，而信成银行主营储蓄业务，章程中规定“本银行兼办之储蓄银行，系为方便小本经济及凡农工商食力之夫积存零星款项而设”，不止注重大额存款，也积极收入零星小额存款，提出了“存款不拘多少，无论何人，凡有银洋满一元以上，均可存储行中生息”的原则。这种做法开了银行储蓄之先河，有利于广泛吸收社会上分散的闲置资金，推动了银行自身业务的兴旺。为了方便百姓前来存款，还规定“凡遇礼拜日，照常办事，并不停歇，以便工人得各以其暇日来行收付款项。凡修学、婚嫁、养老、兴业、学校以及善堂存款，利息加优”。信成银行在经营理念上有颇多值得学习借鉴之处，“一元储蓄”“人休我不休”等规定使信成银行的信用卓著，业务繁荣。

信成银行经清廷批准获有纸币发行权，发行的钞票有银元票和银两票两种，银元票所见面值有一元、五元、十元，而银两票有一两、二两、三两、四两、五两、十两六种。光绪三十三年版壹元银元票上左侧印有银行大楼图，右侧印有清朝官员像，为“大清国商部尚书固山贝子衔镇国将军载公振”。创办人周舜卿与载振关系密切，信成银行的创建申请、

上海信成银行纸币

注册、各项章程等都经过载振的批准，故特在钞票上印这位商部尚书像。此举在当时显示出银行的背景过硬、实力雄厚，但在辛亥革命时期反而对银行的信用产生了不利的影响。因该行存在时间短，发钞数量相对较少，故传世品少见。

辛亥革命时期，信成银行为革命活动筹措经费，垫款、输纳颇多，加之上海道署在该行的存款 26 万余两被各国驻沪领事团作为赔款提取，导致资金短缺、周转不灵而被迫停业。1914 年，总行宣告清理，所发钞券均按票面十足收回，各种存款分期分批给息偿还，不曾辜负“信成”之名。信成银行的成立和发展与时代背景紧密相连，是民族资本发展的必然结果，反映了民族资本家振兴经济、实业救国的实践和尝试。

中国最早的大学生银行——

08

北京大学学生储蓄银行

1917 年 3 月 6 日，在北京大学校长蔡元培的支持下，由徐宝璜教授提议，成立了当时中国最早的大学生银行——北京大学学生储蓄银行。民国时期，华资银行和私人银行不胜枚举，学生银行却鲜有听闻。学生银行由学生组织创办、自主经营，服务对象也以学生为主。20 世纪 20 年代前后，我国银行业快速发展，有相对完善的经营模式和先进的经营理念，为学生银行提供了许多经验；北大经济系对西方银行理论的学习、传播为学生银行的建立奠定了思想基础；蔡元培担任北大校长之后，力行改革，鼓励创新，“旨在发扬学生自动的精神，养成服务社会的能力”。在此背景下，徐宝璜教授提议开办北大学生储蓄银行，并列举成立学生银行的四大益处：一是学生银行专门针对学生而设，接受小额存款；二是设于校内，利息较优，营业时间灵活，便利颇多；三是可提供贷款援助；四是给学生提供实习机会以了解银行运作。

北京大学学生储蓄银行股票

北大学生积极响应，选举委员、制定章程、实地考察、筹款集资，各项筹备工作开展得有声有色，在短短几个月的时间里银行便粗具规模。银行将所有的资本分为二千股，每股一元，“认股以大学之教职员及学生为限，一人不得认过五十股”，将股东的个人利益和整个银行的利益紧密地联系在一起，共同参与银行的利润分配并承担相应的经济风险，极大调动了股东的积极性与主动性。北大经济系四年级学生叶渊担任首任银行经理。银行经营各种活期存款、定期存款、抵押放款、保证放款、兑换各种银元钞票、收各种票据及代理汇兑业务。北大学生储蓄银行的组织、运营主要按照商业银行的模式，同时在培训、管理上又有适合学生的制度。在经营过程中，以储蓄为目的，以服务师生为主旨，同时，为商科学生提供实习、实践的机会，在全校师生中提倡一种节俭、储蓄的生活习惯。作为国内首家大学生自主创办的学生银行，北大学生储蓄银行具有很强的影响力和示范性。北大成立首家学生储蓄银行以后，各校纷纷效仿，比较著名的有中华职业学校学生储蓄银行、台山中学学生储蓄银行等。

中国最早的邮政储蓄机构

09

北洋政府邮政储金股

早在殷商时期，邮驿通信就已经出现，甲骨文中记载的“来鼓”便是边防向天子汇报军情的侦察通信兵。秦代以后，“车同轨，书同文”，建立了以国都咸阳为中心的驿站网，制定了邮驿律令，邮驿制度日趋健全。由于邮政网点遍布全国，深入乡野，除了传达信件外，也兼营运输、汇款等业务。邮政和储蓄挂钩是从 19 世纪开始的，近代邮政储金于 1861 年兴起于英国，逐步传入欧美各国及日本、中国，清末邮传部曾派留学生赴奥匈帝国学习邮政储金业务。1918 年 11 月 24 日，北洋政府以大总统教令第 40 号公布了《邮政储金条例》15 条，规定：邮政储金直辖于交通部，由邮政总局经理。储金的存入及支取均以储金簿为凭，除存入现金外，可随时购买各种邮票粘贴，满一元以上时送邮局销印，按数记入储金簿。1919 年 6 月 5 日，交通部公布《邮政总局经理邮政储金章程》，规定在邮政总局内设一邮政储金股，凡涉及储金事务，皆归储金股办理，力求不与邮政事务相混。1919年7月1日，北洋政府正式开办邮政储金。开办之初，仅在交通部下属的邮政总局内设立储金股，指挥各交通便利的邮务管理局办理。初期，由于经营局为数不多，吸收储金数额有限，储金业务进展迟缓，截至1926年，全国储金总额尚不到1 000万元，邮政储金局所345处。以储金股为发端，我国的邮政储蓄逐渐走上了专业化经营的道路，到了1930年3月15日，邮政储金汇业总局在上海成立，这标志着中国近代邮政储蓄业务步入正轨，业务获得了长足发展。1931年，政府公布邮政储金法和邮汇局组织法。

邮政储金汇业总局主要开展小额储蓄存款业务，大力吸收社会闲散资金，储户以小储户居多，满一元即可开户，不足一元者可先购买邮票贴入储金格纸，待贴满一元后再换登存簿存入。邮政储蓄的好处在于——“邮政储金由国家担保，其信用度不容怀疑，储户不必担心因机构倒闭而储金泡汤的事”；“邮政储金网点遍布四方，手续简便，存款十分方便；存款起点小，一元起存，适合城市平民，而银行则不屑之”。邮政储蓄并无具体的资本，只是以邮政资产作为担保，并对存簿储金储户存款所得利息给予免税待遇。我国邮政储蓄始办于1919年，民国末期陷于停顿。中华人民共和国成立后，人民银行于1951年委托邮政部门代理储蓄业务，1953年再次停办。1986 年，为支持国家经济建设，国务院批准邮政部门恢复办理储蓄业务，并在邮电部和各省（区、市）邮电管理局内设置了邮政储汇局，对邮政储蓄、汇兑等金融业务进行管理。

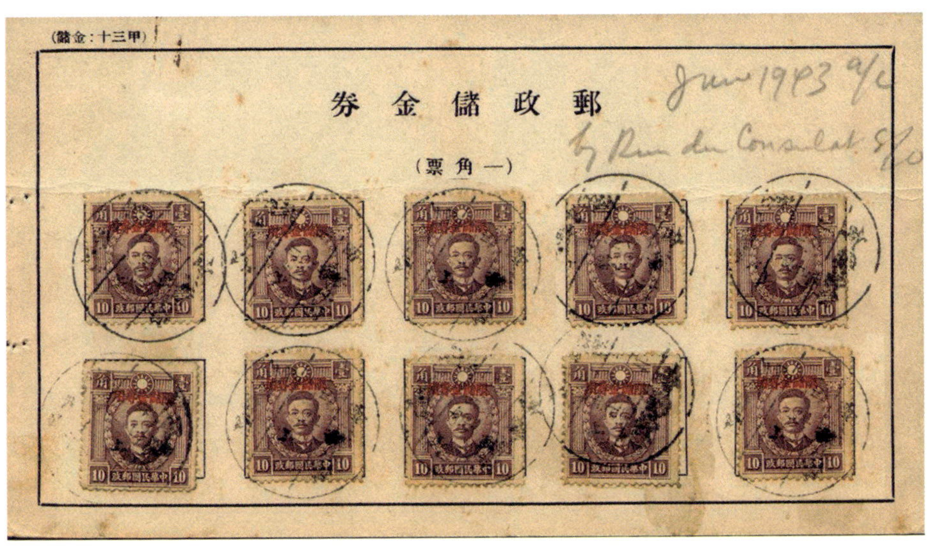

邮政储金券

柴山洲特别区第一农民银行

柴山洲地处湖南省衡东县，位于衡山与湘潭的交界处。因当地旱涝灾害严重，农民生活困难，中共曾多次派共产党员前往开展革命活动。1926 年 1 月，湖南省农运特派员贺尔康从广东农民运动讲习所毕业回到长沙，后到衡山担任农运特派员，深入柴山洲秘密发展农民协会会员。为了更好地发展农民革命运动，贺尔康一方面带领农民组建农协，与土豪劣绅开展政治经济斗争；另一方面帮助农民从经济上摆脱地主的高利贷剥削，开始筹建农民银行。同年 4 月，遵照《中国国民党第一次全国代表大会对于农民运动之宣言及政纲》，柴山洲特别区第一农民银行成立，行址设在夏拜公祠。这是第一次国内革命战争时期全国各革命根据地中最早成立的银行，也是中国共产党领导建立的第一家银行。《银行章程十二条》规定以“维护无产阶级、维持生活、扶持生产”为宗旨，选举产生了以农协骨干为主的正副经理、会计、出

柴山洲特别区第一农民银行旧址

纳、监察员等人员。农民银行筹集资金的办法是“由富户捐集”，土豪劣绅每户要出银洋 100 ~ 300 元，共筹得 5 800 元。农民银行向农户发放生产、生活贷款，并平抑粮价，兴办农民消费合作社。银行“取低利，月息五厘，并向消费合作社贷款，帮助经营各种农业生产物资及农民所需油盐杂货等日用消费品”。同时，发行面额为壹元的货币，这种货币不是寻常的纸币，而是用 4 寸（1 寸≈ 3.33 厘米）长、2 寸宽的白竹布制成的，票面文字用毛笔书写，上面盖有“柴山洲特别区第一农民银行”图章和经理文海南、副经理夏兆梅的私章。布币壹元可兑换银元一块，在相邻的湘潭、株洲等县都有流通。白竹布货币是迄今发现最早的革命货币。

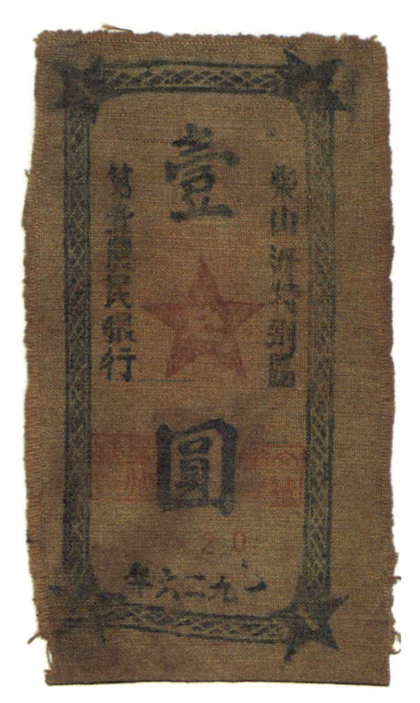

柴山洲特别区
第一农民银行货币

正当农民协会和农民银行办得红火的时候，蒋介石在上海发动了“四一二”反革命政变，白色恐怖笼罩全国。1927 年 5 月 21 日晚，“马日事变”爆发，衡山数百名共产党员和农会干部牺牲，农民银行遭到严重破坏而被迫停止活动。柴山洲特别区第一农民银行的营业时间虽然只有短短一年，但在中国共产党领导的金融事业的发展史上，具有开先河的意义。

中国第一个以『国家』命名的银行——11

中华苏维埃共和国国家银行

1931年11月，第一次全国苏维埃代表大会在江西瑞金召开，会议选举产生了中华苏维埃共和国中央执行委员会。根据临时中央政府的要求，中华苏维埃共和国国家银行于1932年2月在江西瑞金成立，毛泽民担任行长。作为苏维埃临时中央政府的银行，其他根据地的苏维埃银行都成为它的分支机构。中华苏维埃共和国国家银行的成立标志了根据地银行建设达到了鼎盛时期。

根据地银行的任务是贯彻执行党和政府的财政经济政策，开展各项业务，支持生产，调剂金融，改善人民生活，冲破敌人的经济封锁，为巩固革命根据地红色政权和争取革命战争胜利服务。其主要职能是：

第一，采取各种措施确保苏区货币的法定地位，统一根据地的货币市场。

第二，代理财政金库，经办政府收支。

毛泽民

第三，代理公债发行。

第四，积极开展存款、贷款等银行的日常业务。

第五，发行股票，筹集资本金。

苏区银行开办时的资本金，除了苏区政府拨给部分资金外，主要是通过发行股票来筹集。因此，大多数苏区银行在开办时都把发行股票、筹集资本金作为头等大事，有的随着业务的发展，曾多次发行股票，扩股增资。苏区银行对股票发行十分重视，成立有专门的机构，制定了详细的办法，按时兑付利息，所发行的股票受到根据地群众的欢迎。

第五次反“围剿”失败以后，中央红军被迫离开中央革命根据地，开始艰苦卓绝的二万五千里长征。中华苏维埃共和国国家银行也随同红军长征。在长征路上，中华苏维埃共和国国家银行始终坚持履行自己的职责，负责没收征发（打土豪筹款）、金银货币等财物的保管和分配、在休整地组织货币发行与回笼等。1935 年 11 月，中华苏维埃共和国国家银行跟随结束长征到达瓦窑堡后，奉命改称为中华苏维埃共和国国家银行西北分行，中央财政部部长林伯渠任行长，参与创办闽西工农银行和中华苏维埃共和国国家银行的曹菊如任副行长。1937 年上半年，为了维护抗日民族统一战线，实现第二次国共合作，中华苏维埃共和国国家银行西北分行改称为陕甘宁边区银行，并收回苏维埃纸币，改用国民党统治区域流通的法币。从此以后，中国共产党领导的革命金融事业揭开了新的一页。

中华苏维埃共和国国家银行营业部旧址

中国最早的外资保险公司

12

谏当保安行

我国很早就产生了保险和后备救济的理念，但是受小农经济的制约，并没有形成现代意义上的商业保险形式。直到清朝，西方保险制度始传入中国。保险业最先落脚的是当时作为通商口岸对外开放的广州，从开放海禁到闭关锁国，广州成为中国唯一合法的对外贸易口岸。当时的广州商贸繁荣，海关税收充足，为保险业务的推广奠定了物质与经济基础。中外贸易的频繁往来导致海上运输事故的数量也与日俱增，而当时英国保险公司尚未开辟中印航线上的保险业务。为了满足船只和货物运输安全的需要，应付海盗、战争和其他变幻莫测的海上风险，英国鸦片散商迫切需要建立起自己的保险机构。

嘉庆十年（1805 年），英商怡和洋行和宝顺洋行合资在中国广州成立了谏当保安行，主要经营水火险和意外险，成为外商在中国开设的第一家保险机构。“谏当”翻译自英

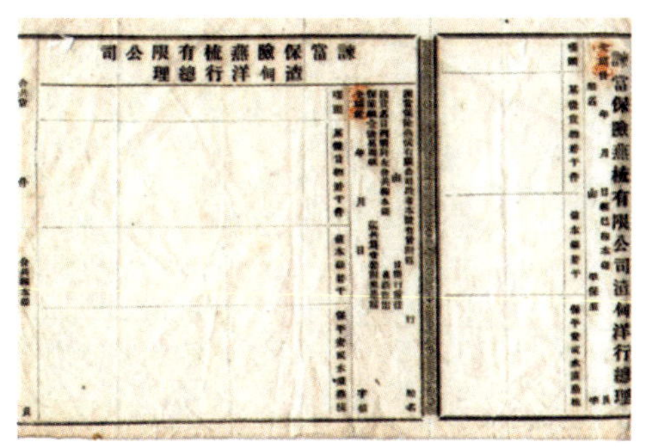
諫當保險燕梳有限公司
渣甸洋行總理

谏当保险燕梳有限公司票据

文“Canton”，其实是欧美对广州的称呼，所以谏当保安行亦称“广州保险社”或“广州保险协会”。怡和与宝顺两家洋行协议规定，每三年轮流担任经理，每五年停业结算，同时进行改组换届。保险英文为 insurance ，早期常译作“燕梳”。故谏当保安行的中文票据，也有将其写成“谏当保险燕梳有限公司”。1835 年，宝顺洋行宣布退出合作，双方决定结束这一协议，原谏当保安行解体。1836 年，怡和洋行接管并改组谏当保安行，易名为“谏当保险公司”，又名为“广东保险公司”，继续扮演着保险业的投资者和代理人的角色。而宝顺洋行于 1835 年在澳门创办于仁洋面保安行，又称“友宁保险行”，是外商在中国创办的第二家保险公司。

谏当保安行的创办揭开了中国保险业的序幕，中国的保险市场很快为英国人所垄断，保险公司为英商倾销鸦片提供了保障和帮助，中国对英贸易的顺差也因鸦片贸易的兴起发生逆转。美、日、德等不甘落后，纷纷设立保险公司，利用特权扩张保险业务。半个多世纪后，中国人才开始进军广阔的国内保险市场。

中国最早的华资保险公司

13

义和公司保险行

中国的保险市场长期为外商独占，外商保险公司主要开办水火险、货运险等险种，从中国获取了高额利润，致使国内白银大量外流。外商保险业的垄断性与强大实力是民族保险业发展的主要阻力，而外商保险公司依仗特权进行经济侵略的行为，又成为激励中国人民维护民族利权、自办保险的动力。在此情况下，清同治四年五月初一（1865 年 5 月 25 日），闽粤著名的商号德盛号创办了义和公司保险行，这是目前所知中国第一家自办的保险公司。《上海新报》于 5 月 27 日刊登了“义和公司保险行”告白:“爰我华商等议开义和公司保险行，保家纸系写一面番字、一面唐字，规例俱有载明，并无含糊。倘如贵客商有货配搭轮船，或是夹板往各口者，请至本行取保，决不至误。”因其规模较小，开办的险种有限，仅承保货物运输，且缺乏经验，势力薄弱，根本不能和实力雄厚的外商保险公司相竞争，很快便销声匿迹了。

新開保險行

謹啟者自通以來設有保險之行以遠涉
重洋俱能保全血本凡我華商無不樂從
而且就其規也由來雖人無如言語不同
字體迥別殊多未便兹我華商殷實開設
和公司保險行保家紙係寫一面番字一
面唐字規例俱有訂明並無含糊倘如
貴客商有貨配搭輪船或是夾板往各口
者請至本行取保决不致悞特此佈聞
同治四年五月初一日
上海德盛號內開設義和公司保險行啟

《上海新报》1865 年刊登义和公司保险行成立的消息

但是，义和公司保险行的成立是我国保险业里程碑式的事件，标志着近代民族保险业的正式诞生，其创办打破了外商保险公司独占中国保险市场的局面，为以后民族保险业的发展开辟了先河。

中国民族保险业的真正兴起要从以李鸿章为首的洋务派创办的保险招商局及其后的仁济和保险公司算起。1872 年，受洋务运动领袖李鸿章的委派，徐学禹等人在上海主持成立了轮船招商局。当轮船招商局向英商保险公司提出保险要求时，总是遭到百般刁难。李鸿章认识到，欲求富须自强，“须华商自立公司，自建行栈，自筹保险”。他委托唐廷枢、徐润等人筹办了中国首家船舶保险公司——保险招商局。1875年11月4日，保险招商局在上海《申报》发表了招股告白，欲集股15万两白银，告白强调了保险的好处:“物主所出不到一分之费，即能化险为夷。”1875年，徐润仿照外国保险公司的做法，开办仁和水险公司，1878年，又成立了济和水火险公司，扩大了承保覆盖面，承保能力得以提高。1886年，这两家保险公司合并为仁济和保险有限公司，为民族保险业的发展打开了局面，堪称中国民族保险业的真正起航，逐步实现了“减少外洋一分之利，就是增加中国一分之利”的初衷。自1865年上海首创义和公司保险行起，至1911年，中国共有45家保险公司开业，占据了10%的市场份额。民族保险公司的规模越来越大，业务越来越完善，在市场上的竞争力也不断增强。

中国第一家专营寿险的保险公司——14

华安合群保寿公司

19 世纪中期，已有外资寿险公司委托洋行在上海代理寿险业务，业务对象限于在华外侨，当时，华人对寿险知之甚少，接受程度也不高。随着外国来华人数的快速增长，外商开始在中国设立人寿公司和分支机构。1889 年，英资永福人寿保险公司制定了《1846—1900 年华人死亡率经验表》，外商逐渐开始承办华人寿险业务。20 世纪初，华资寿险一度兴起，如 1907 年创办的华安人寿保险公司，1909 年创建的上海永康人寿、上海永宁人寿和延年人寿保险公司等，但都由于经营不善而业绩惨淡。

这一时期经营规模最大、业绩最好且专营寿险业务的华资保险公司，当属华安合群保寿股份有限公司。“中华民国缔造之年，即华安合群保寿公司创设之岁”，1912 年 7 月 1 日，华安合群保寿公司于外滩 30 号开业，创办人是江苏人吕岳泉。吕岳泉曾任英资永年人寿保险公司的业务经理，对经营

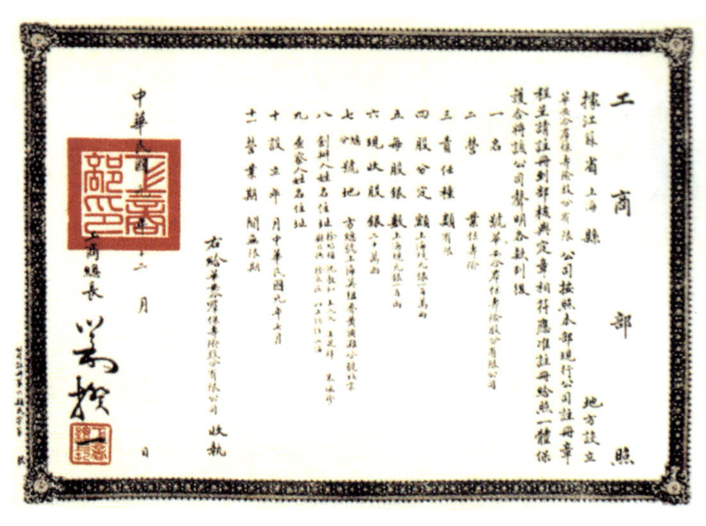

工商部 執照

據江蘇省上海縣地方設立

華安合群保壽股份有限公司按照本部現行公司註冊章程呈請註冊到部核與定章相符應准註冊給照一體保護合將該公司聲明各款列後

一 名號 華安合群保壽股份有限公司

二 營業 保壽險

三 責任種類 有限

四 股分定額 上海通用銀一百萬兩

五 每股銀數 上海通用銀一百兩

六 現收股銀 六十萬兩

七 總號地方

八 創辦人姓名住址

九 董事人姓名住址

十 設立年月 中華民國九年七月

十一 營業期間 無限期

右給華安合群保壽股份有限公司 收執

中華民國 二月 日

工商總長

华安合群保寿公司的工商执照

寿险有自己的理解和经验，他自任总经理，并聘用在永年人寿保险公司任职的英人为总司理和计算师。他在《创办华安合群保寿股份有限公司纪略》一文中自述创办华安之初衷：“岳泉深感于寿险事业之重要，攸关国计民生者，如无华商自立之公司，不独利权外溢，且将人民之生命保障委托于外人之手，于国家体面、国民人格上均有关系。遂毅然自创纯粹之华商寿险公司，以此意商诸徐固卿、王采丞诸公，均蒙赞许，乃即着手进行。”

当时社会上对于寿险还不太了解，华安成立不久就着手编印《华安杂志》，普及人寿保险对保障身家幸福的意义。

公司还经常举办茶话会，邀请新闻记者出席进行宣传。华安合群保寿公司开设的寿险种类多样，每一种寿险业务都迎合社会需要而定制，包括安家保寿、资富保寿、婚嫁立业保寿、教育年金保寿、终身保寿、额定加增保款保寿、一年定期纯粹保寿等不下十种寿险品种。从 1926 年起，公司特厘定团体保寿章程，保额由企业决定，保费由企业缴纳，如遇职工身故，即将赔款交由企业转给家属领取，商务印书馆、上海内地自来水公司等机构先后加入团体保。以上这些举措以人性化和亲民为特点，促使其营业蒸蒸日上。为了公司的长远发展，吕岳泉很注重人才培养，通过营业竞赛、开设人寿保险函授科等选拔人才。华安合群保寿公司还建造了中国最早也是最宏伟的人寿保险大楼——华安大楼，作为当时静安寺路区域最高的建筑，起到了很好的广告宣传作用，更促进了公司业务的发展。

华安合群保寿公司是一家纯粹的华资保险公司，以维护民族利益为宗旨。公司创办规则第三条规定:“只收中国人股份，有将股票转售外国籍者，作为无效。”虽其资本金只有 50 万元，但因背景过硬，经营得力，业务发展迅速，成为当时民族寿险业的翘楚。短短十数年，吕岳泉就建立了中国人自己的寿险体系。随着业务的成熟，公司又在外埠广设分公司，至 1931 年，先后在河北、山东、江苏、浙江、福建、

华安合群保寿
公司大楼

广东、湖北、湖南、辽宁、安徽、河南等省设立分支机构。从 1925 年起，公司开始向海外推展业务，先后在爪哇的巴达维亚、苏门答腊的棉兰及万隆、泗水等地设立了分支机构。华安合群保寿有限公司是中国近代规模最大的保险公司，它的诞生和发展标志着民族寿险的崛起。

中国最早的保险同业公会组织 —— 15

华商火险公会

民族保险公司自诞生后，在竞争中一直处于劣势，由于起步晚，资金力量薄弱，处处受到洋商的掣肘，想与洋商“争长短、挽利权”并不容易。1899 年，外商成立了上海洋商火险公会，在佣金、折让、费率、险种、拒保等方面制定规则以维护他们的共同利益，公会的创立使外商保险势力更加强大。为了团结起来与洋商抗衡，也为了联络保险同业之间的感情，1907 年，朱葆三（华兴、华成、华安三家保险公司的总董）提议成立华商火险公会。华兴、华成、华安、华通、源安、源盛、合众、万丰、福安 9 家华商保险公司参与公会，组成历史上第一家中国人自己的保险同业公会组织。朱葆三被推举为会长。

到 1917 年，参加华商火险公会的公司已达 27 家，公会改名为华商水火险公会。随着民族保险业的发展以及公会影响的扩大，华商火险公会多次改组，至 1931 年更名为上海

香港水火险

源盛保险公司海报

市保险业同业公会。从 1865 年华商初创保险公司到 1911 年辛亥革命前，先后创立的各类华商保险公司已有 45 家，民族保险业终于在外商称霸的保险市场争得了 10% 的份额，数额虽小，但意义重大。

最早参加公会的 9 家保险公司之一——香港水火险源盛保险公司，又称“香港小吕宋源盛汇理营业水火保险有限公司”，1906 年成立于香港，当年分设上海支局。源盛留存有一幅广告月份牌，顶端横写“香港小吕宋源盛汇理营业有限公司兼保洋面火烛燕梳”，“燕梳”即保险“insurance”的音译。主景画面人物众多，为官员鸣锣开道的仪仗队伍与腾云驾雾的仙女、仕女相向而立。上端印有“本公司经在英政府注册”“实备资本银二百万大元”“总局总司理银两督办吴理卿翁，副理会办梁建安翁”“上海枝局设在英界二马路，司理人郭洙中翁、李次张翁”“代理人上海永发源戎禹象翁、森记行袁庆臻翁”等文字，介绍该公司在各埠的分支机构地址及总理人、代理人名录。下端为“大清国宣统元年岁次己酉”，表明印制时间。这张月份牌可以帮助我们了解当时华商保险机构的经营业务与规模。

中国最早的股份制企业

16

轮船招商局

19 世纪 60 年代，面对内忧外患，清政府统治集团内的一些官员形成了主张变革的洋务派，洋务派主张“自强”“求富”。“自强”即练兵和兴办近代军事工业，增强军事实力以提升国力，抵御外辱；“求富”就是创办民用企业，增强经济实力，解决“自强”所需的资金与燃料问题。在实际操办中，洋务派意识到“必先富而后能强”，“强以练兵为先、富以裕商为本”。变革重心从军事工业逐渐倾向民用工业，洋务派在煤矿、铁路、纺织等众多行业大展拳脚。1873 年，轮船招商局正式成立，它是洋务运动中由军工企业转向兼办民用企业、由官办官营转向官督商办的第一家企业，也是最早公开募股筹资的股份制企业。

创办轮船招商局既为“自强”，也为“求富”。在轮船招商局成立之前，我国沿海城镇及通商口岸几乎完全被外国轮船公司势力占据，美国的旗昌轮航公司、英美的省港澳轮船

轮船招商局大楼

公司、英国的公正轮船公司等垄断了我国水运，他们的轮船吨位大、速度快、占据有利航线，打起减价战来，国产的旧式帆船根本无法与之抗衡。这样一来，外轮公司不仅攫取了巨额利润，还控制了水上交通与运输的命脉。洋务派官员丁日昌等人极力主张自办轮船航运公司，一方面，夺回我国水域的控制权，利于军事之攻守；另一方面，便利交通，保护贸易利权。同治十一年（1872 年），李鸿章着手筹办此事。

清末国力衰弱，清政府无力经营官办独资的轮船公司，遂采用股份制形式，招徕私人资本，名曰“招商”。其招商集股的具体方式为：由官方垫借部分官款，向社会发行股票，物色股东，集齐所需资本后，再归还官款，保留官权。轮船招商局股份每股规银 100 两，入股数目不限，股金按年一分起息。受李鸿章委托，沙船业巨头朱其昂出面公开招集商股。由于年代久远，轮船招商局发行的股票迄今未见实物，目前我们能看到的只有开平矿务局、莒州矿务局两家发行的股票。在“以官护商”的名义下，商人纷纷投资企业，解决了资金困难的问题，股票的 75% 到 85% 为中国商人所有。股份制改变了洋务企业的组织形式和管理体制，确立了“官总其大纲”、官商并存且利权两分的企业组织形式，由独资经营转向合资经营，由政府直接经营的官办体制转变为政府委派商人筹集资金承办企业的官督商办体制。

股份制当时在中国还是个新鲜的概念，具有制度上的先进性和有效性。早期主要由买办参与，因为他们作为外国资本的经纪人，最先接触并熟悉了这种资本主义的运作方式，这样一来，所募商股多与外国洋行有关，获利的还是外国资本。李鸿章改派唐廷枢、徐润接手，重订轮船招商局章程，规定不得将股票售与洋人，以防外资渗透。轮船招商局的创办体现了洋务派“分洋商之利”的收回利权的斗争，也开启了民族航运业的先河。洋务派涉足的航运、煤矿、铁路等行业，都需要巨额资本来运营，而清政府府库空虚，通过股份制可以有效集中资本,促进生产力的发展和生产方式的革新。之后，上海机器织布局、仁和保险公司、开平矿务局、烟台缫丝厂、汉冶萍煤铁厂矿公司等洋务企业都采用了股份制方式经营。虽然官督商办体制存在诸多弊病，但推行股份制在客观上顺应了近代工业化大生产的需求，是中国近代工商业兴起的一次重要尝试。

中国现存最早股票的发行企业

17

开平矿务局

光绪七年（1881 年）二月发行的开平矿务局黄色横版股票是我国现存最早的股票实物，上面盖有“开平矿务总局关防”的印章，经收人为开平矿务局的总办唐廷枢。股票右侧记载：“开平矿务局，为给股票事案奉：直隶爵阁督部堂李，批准设局招商开采煤铁等矿，札饰筹办等因，当经本局议定先后招集股银壹百贰拾万两，分作壹万贰仟股，每股津平宝纹壹百两，一股至千股，皆可附搭。俟见煤之后，所得余利按股均分，其应付利银之日由局先为知照，凭折支付，今据送到股本，合给联票一纸，股折一扣，局章一本，收执须至股票者。”

这张股票背后的历史为：光绪二年（1876 年）九月，李鸿章派轮船招商局总办唐廷枢赴唐山开平一带勘测，发现此地蕴藏有丰富矿产，且质地优良，唐廷枢向李鸿章提出了极易开采的建议和经费筹划等方案。次年（1877 年）八月，李鸿章派唐廷枢筹办矿务局，唐廷枢等人根据管理轮船招商

开平矿务局

局的经验拟定《直隶开平矿务局章程》，其中规定：拟集资白银80万两，分作8 000股，公开对外招商。根据股票实物可知，光绪七年二月的股本扩张至120万两。但是，现存的一张光绪七年七月蓝色竖版股票中却仍然记为“招集股银八十万两，分作八千股”。怎么股本还会缩水呢？这是因为开平矿务局股票发行之初并不顺利，几乎全靠唐廷枢个人投资或者“因友及友辗转邀集”而成。直到光绪七年，上海股票交易进入高潮，据《申报》1882年6月13日记载：1880年底，开平煤矿正式投产前夕，其面值100两的股票，在上海市场上的价格就涨至150两左右，到1882年6月，竟有人愿以每股237两的价格收进。唐廷枢抓住时机，扩张股本至120万两。但是在开平矿务局创办之初，招商章程中规定，

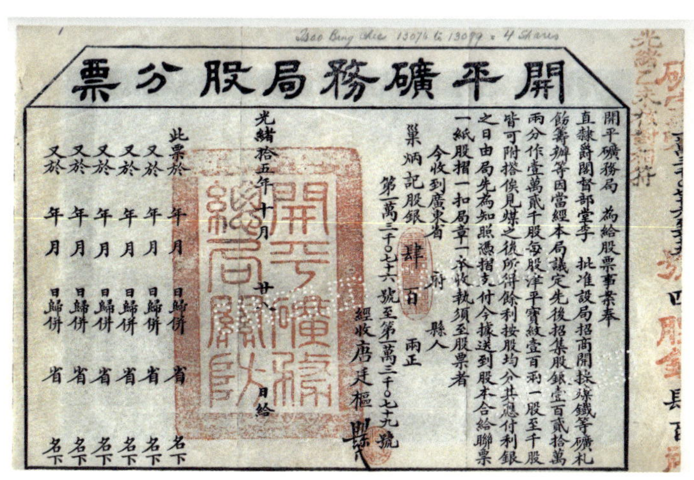

開平礦務局股分票

開平礦務局 為給股票事案奉
直隸爵閣督部堂李 批准設局招商開採煤鐵等礦札
飭籌辦等因當經本局議定先後招集股銀壹百貳拾萬
兩分作壹萬貳千股每股津平寶紋壹百兩一股至千股
皆可附搭俟見煤之後所得餘利按股均分其應付利銀
之日由局先為知照憑摺支付今據送到股本合給聯票
一紙股摺一扣局章一本收執須至股票者
今收到廣東省 府 縣人
巢炳記股銀 肆百 兩正
第一萬三千〇七十六號至第一萬三千〇七十九號
經收唐廷樞

光緒拾五年十月廿八日給

此票於 年 月 日歸併 省 名下
又於 年 月 日歸併 省 名下
又於 年 月 日歸併 省 名下
又於 年 月 日歸併 省 名下
又於 年 月 日歸併 省 名下
又於 年 月 日歸併 省 名下

开平矿务局股票

招股 80 万两，生意兴旺时，可再招股本凑成 100 万两，以后不得再招，以示限制。经与李鸿章商议，唐廷枢表示遵守原章程，换回了股本为 80 万两的蓝色股票，并加上了“兹因开河筑道需项甚巨，拟增资本贰拾万两，合壹百万两，当经禀明傅相奉批在案，特此声明”的补充说明，将股本固定为 100 万两，再无变化。又因光绪七年为股票大规模售出的一年，所以现留存的股票多为光绪七年所印制。

唐廷枢担任开平矿务局首任总办，从勘察矿址、拟定章程、招集资本到正式开采，事必躬亲。光绪四年（1878 年）六月二十五日，开平矿务局正式成立。在直隶唐山开平镇西南 9 公里的乔家屯，开凿出第一眼矿井——唐山矿。光绪七年正式投产，雇工 3 000 人，日产量 300 吨，且持续增长，当年产煤 3 600 余吨，次年增至 38 000 吨，第三年又增至 75 000 吨，到光绪二十四年（1898 年）更增至 730 000 吨。唐廷枢不断扩充设备，加强基础设施建设，为了改善运输条件，奔走修建了专用铁路——中国自营的第一条铁路开平铁路，光绪十二年（1886 年）成立了开平铁路公司；先后购置运煤船 6 艘，往来于天津、牛庄、烟台等地，并设专用码头和堆栈，为矿务局的长远发展打好了基础。开平矿务局产煤主要供应轮船招商局和天津机器局，为洋务派官僚提供了他们急需的“海防用项”，也大量销售到市场上，获利甚厚，为投资者提供了丰厚的投资回报。到 19 世纪末，开平矿务局总资产近 600 万两，成为中国出煤量最多的机械化大型矿区和盈利最多的洋务实业。虽说开平矿务局是步轮船招商局之后，唐廷枢也是奉李鸿章之命办事，但他卓有成效的经营和创造获得了“中国可无李鸿章，不可无唐廷枢”的赞誉。开平矿务局作为清末官督商办的大型新式采煤企业，这张开平矿务局股票见证了洋务派“分洋商之利”以自强求富的奋斗历程。

中国最早的国家造币厂

18

户部造币总厂

清光绪三十年（1904年），中国最早的国家造币厂“铸造银钱总局”在天津成立，次年改名为“户部造币总厂”。天津曾有过三座“造币厂”，即李鸿章筹办的“宝津局”铸币厂、袁世凯督办的“北洋银元局铸币厂”（西厂）和随后建立的户部造币总厂（东厂）。清末天津的通用货币种类繁多，成色不一，差价过大，造成货币使用的混乱。为了整饬金融和巩固统治，解决货币良莠不齐的状况，光绪二十九年（1903年），清政府下旨设立铸造银钱总厂，经财政处奏定在天津建造户部造币总厂。于光绪三十一年（1905年）五月开机试铸铜币，至光绪三十四年（1908年）始铸造币总厂流通银币。仅光绪三十四年一年间，就铸造了近1亿枚“光绪元宝”银币。随后也有试铸许多其他版式、品种的银元，但因未经户部核准，只铸出试样钱。经核准版式的银币大量铸造行用，推动了近代货币改革，是中国近代货币史的新开端。

造币总厂
铸造的光绪元宝

1909 年，清政府改组全国铜元局，铸币权收归中央，并将各地造币厂合并为九个分厂，天津为总厂，并颁布了《造币厂章程》，统一各省铸币机构名称为“某某造币分厂”，各造币分厂统一归属天津造币总厂管辖，各分厂铸币数量、用铜和机器设备统一由户部调度分拨。天津依靠自己雄厚的经济基础、先进的技术设备和管理水平，在清廷一纸“三统一”敕令中，确立了其作为全国货币制造中心的地位。

1912 年，度支部造币总厂与度支部造币津厂（原北洋银元局）合并，更名为“中国财政部天津造币总厂”。原度支部造币津厂称为西厂，专铸铜元；原度支部造币总厂称为东厂，专铸银元。该厂组织完备，机器精良，堪称全国造币厂之最。民国三年（1914 年），当时任国民党政府财政部

户部造币总厂

部长兼造币总厂监督的吴鼎昌为该厂题写“造币总厂”四字门额。该厂占地面积 31 916 平方米，布局原为多进四合院，以东西向箭道间隔贯通，砖木结构，硬山顶。正房西阔五间，为前出廊或“勾连搭”式。厢房西阔三间，平面多为“凹”字形，入口砖砌拱券门楼和砖雕花饰犹存。民国时期，造币总厂还铸有多种试样币和纪念币性质的金银币，比如为孙中山、袁世凯、徐世昌、曹锟、段祺瑞、张作霖、张学良等名人政要铸造的纪念币。1940 年，造币总厂停业。存在时间不到 40 年的造币总厂，却在我国金融史上有着重要的地位和作用，它是我国第一家国家造币厂，也是清末规模最大、设备最先进的造币中心，为维护财政金融秩序、推动货币改革作出了巨大贡献。

中国第一个正规化的票据交换所——19

上海票据交换所

在中国出现“银行”之前，钱庄是民间常见的金融机构。钱庄本就经营货币兑换，至1890年，钱庄同业间成立了“汇划总会”,以公单方式计数进行清算，可谓票据交换所的雏形。清末，外资银行在华开设数量越来越多，外商银行之间通用一种“划头票据”,其收付由汇丰银行统一清算。民国期间，华资银行纷纷涌现，当时尚未形成银行间独立的票据清算组织，需假手于钱庄业的汇划总会。鉴于票据清算对银行业务的重要性，上海银行公会自1922年开始筹建自己的票据交换所，先后五次拟定章程，皆因各种原因未能成立。直到1933年1月10日，在上海银行公会和上海银行业同业公会联合准备委员会的不懈努力下，上海票据交换所终于正式开业。这是中国最早的正规化的票据交换所，也是上海金融现代化的重要标志之一。

上海票据交换所设在香港路59号上海银行公会大楼底

上海票据交换所内景

銀行票據交換所 昨日正式開幕

上下午交換二次成績甚佳
設委員會推定監察指導員

上海銀行同業公會聯合準備委員會發辦之票據交換所、昨日正式開幕、先撥劃頭銀元、上午十一時、第一次交換、下午三時二十分、第二次交換、設委員會、推定監察指導員、茲誌詳情如下、

〔正式交換〕票據交換所、昨日正式開幕、並不舉行任何儀式、上午九時起、中外人士前往道賀參觀者甚衆、由經理朱清泉等、分別招待、及至上午十時五十分、各交換銀行交換員、完全到所、十一時零五分、由經理朱清泉指揮實行第一次交換、交入第一報告單抄、依號次轉送票據通知、再交第二報告單後、總結算員報告差額、末填送差額轉帳證明書、及送副本通知單、至十一時二十九分完畢、原定時間、爲三十分、因各交換員經試檢後、甚爲純熟、故僅二十四分鐘即完畢、

〔設委員會〕根據二十一年十一月十九日第六次委員會行代表大會決議、設立票據交換所委員會、除經理朱清泉爲當然委員外、設委員九人、辦理交換所一切事務之設計、及各項規則之釐訂事項、並經委員會首次會議決定、推中國銀行程慕灝・交通銀行錢佲琴・上海銀行楊六厝・等三委員爲監察及指導委員、委員會地址、附設在銀行業同業公會聯合準備委員會內、

上海票据交换所
成立的新闻

层，交换大厅里高悬“金融枢纽”牌匾。所内共设有50个交换席位，实行定时交换制度，除星期日及例行假日外，每天交换两场，第一场为上午11点，第二场为下午3点30分。开业当日上午10点50分各参与银行交换员全部到位，11点5分由交换所经理朱博泉摇铃进行第一次交换。当天交换银元票据1 247张，总计2 150 164.26元。加入交换所的银行集中办理清算，交换票据的种类主要有支票、本票和汇票，结算货币分为银元、银两、汇划银元、汇划银两四种。1933年4月6日国民政府推行“废两改元”之后，交换货币变为汇划、划头两种。交换所成立时有32家银行参与，到20世纪40年代后期，参与交换的行庄达238家。

票据交换所通过集中性办理票据交换，进行多边净额结算，来清偿金融企业之间因票据而产生的债权债务关系，使银行对票据的收付更加便利，减少了对现金的需求，大大提高了效率，降低了成本。交换所相当于各参与银行的总出纳和总会计，受到了华资银行的好评。到了全面抗战期间，上海租界成为一座“孤岛”，中央、中国、交通三家银行相继撤离上海，商业银行成为上海金融业的主要力量，此时的交换所起到了中央银行的作用，负责同业拆借、调剂头寸等种种事务。上海票据交换所是中国金融史上第一家由商业银行创办的清算机构，是当时金融领域重大的创新之举。

20

上海通易信托公司

“信托”是指委托人基于对受托人（信托投资公司）的信任，将其合法拥有的财产委托给受托人，由受托人按委托人的意愿以自己的名义，为受益人的利益或者特定的目的，进行管理或者处分的行为，概括地说就是“受人之托，代人理财”。信托业务涵盖商事信托、民事信托、公益信托等领域，具体分为金钱信托、动产信托、不动产信托、有价证券信托和金钱债权信托等业务。信托与银行、证券、保险并称为金融业的四大支柱，信托业同时关联着货币市场、资本市场和产业市场，既能融资又能投资，具有无穷的经济活化作用。美国信托业权威斯考特称:“信托的应用范围，可以和人类的想象力相媲美。”

原始的信托行为发源于数千年前古埃及的“遗嘱托孤”，后来在英国的“尤斯制”基础上逐步完善起来，渐及欧美大陆。我国的信托业务兴起于上海，起初信托业务由银行设立的信托部门办理，如 1917 年上海商业储蓄银行成立的保管部、1919 年聚兴诚银行上海分行成立的信托部，这些银行开设的信托部门可以说是我国现代信托业的发端。1921 年 7 月 10 日，上海通易信托股份有限公司宣告成立，额定资本 250 万元，6 月上旬即收足股款。黄溯初当选董事长并兼总经理。通易信托公司在上海自建四层大楼及仓库、码头，在多地设有分公司。公司经营银行信托业务，代理股票交易，业务甚多。从此信托公司开始登上历史舞台，并得到快速发展。此后的两个月间，上海冒出了 12 家信托公司。各家公司经营的业务大同小异，主要有信托存款、信托投资、证券信托、保管信托、遗产信托、监护信托、房地产信托、代理信托等，还在很大程度上具有商业银行等金融中介机构的功能。当时的信托公司主要充当信用中介，财产管理业务的比例很小，这是中国近代信托业的整体特征。20 世纪 20 年代，上海出现了中国人开办交易所的热潮，仅上海一地设立的交易所就达 100 多家。为获得新的资金来源，许多投机者创办信托公司以募集社会游资，然后以交易所股票向信托公司拆借资金，交易商以股票为抵押，向信托公司获取资金，信托公司则将本公司股票在交易所中买卖，相互炒作。交易所滥设和证券投机扰乱了正常的市场经济秩序，政府监管部门和银钱界开始着手整治。加上上海市面银根收紧，信交狂热终

通易信托公司股票

通易信託股份有限公司股票

股票第叁捌陸號
資本總額 國幣貳百伍拾萬圓
股份總額 伍萬股
每股金額 國幣伍拾圓
設立年月 中華民國十八年八月呈准
登記 全國註冊局 財政部 設立登記換給執照

股東許伯賢 計壹股
國幣伍拾圓

董事長黃溯初
董事劉放園
董事徐寄廎
董事周守良
董事郭雲裳

中華民國貳拾肆年貳月貳拾日

于崩溃，交易所事业由盛转衰，股价暴跌。交易所的崩溃直接导致从事投机业务的信托公司严重亏损，纷纷停业或改组经营他业。这就是民国时期规模最大的交易所风潮——“信交风潮”。这股风潮吹散了上海多数的交易所与信托公司，至 1922 年 4 月，上海原有的 140 余家交易所只剩下 6 家继续营业，而 12 家华商信托公司中也仅存中央信托和通易信托两家。“信交风潮”后，信托业的发展陷入了停滞。南京国民政府成立后，信托业又有所恢复和发展。

中国最早的华资证券交易所

21

北平证券交易所

《证券交易所法》颁布后，北平证券交易所是第一家依据该法设立的证交所，也是第一家由中国人创办的证交所。1918 年 6 月 5 日，北平证券交易所在北京前门外大街开业。它是经北洋政府农商部批准设立的，股本为 100 万元，经纪人定额为 60 人。交易分为现货和期货两种，期货交易分为本月、下月、再下月三种。上市的证券有公债券、股票及中外钞票三种，买卖公债以面额 5 000 元为一单位，买卖股票以 5 股为一单位。

北平证券交易所的成立，与北洋政府财政亏空、滥发公债不无关系，从1912 年到1926 年，北洋政府共发行27 种公债，合计 6 亿多元。公债的大量发行为证券交易所的建立奠定了基础，除了债券类业务，交易所的其他营业并不景气。1927 年国民政府定都于南京，公债买卖的中心也随之南移，北平证券交易所经营的公债失去了往日的优势，经营状况每况愈

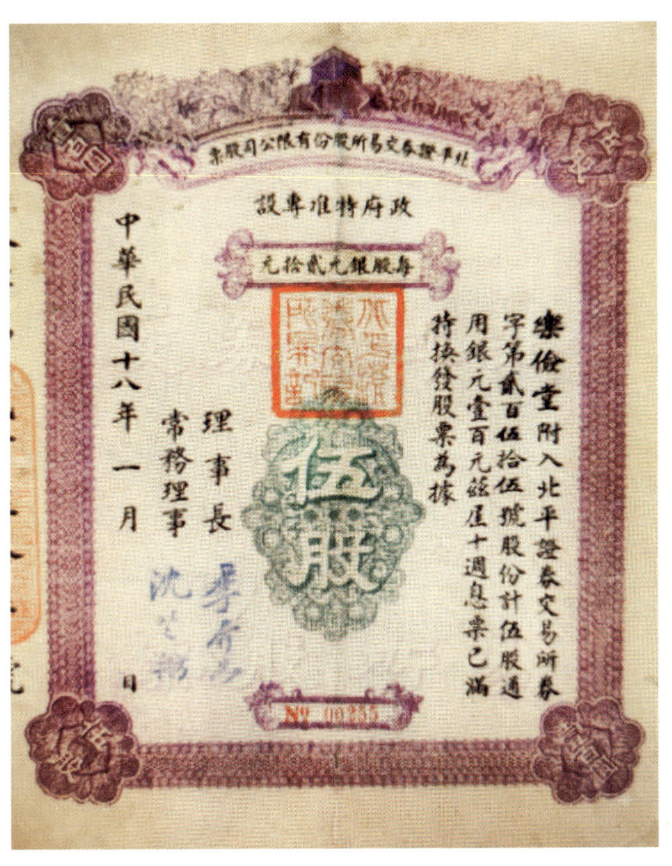

北平證券交易所股份有限公司股票

政府特准專設

每股銀元貳拾元

樂儉堂附入北平證券交易所券字第貳百伍拾伍號股份計伍股通用銀元壹百元茲屆十週息票已滿特換發股票爲據

伍股

理事長

常務理事

中華民國十八年一月　日

No. 00255

北平证券交易所股票

北平证券
交易所旧址

下。从1928年起，北平证券交易所一直亏损，1933年上半年的手续费收入只有1 677元，已经无法维持其正常的营业，陷入了不时停顿的状况。抗战全面爆发以后，日本人侵入北京，北平证券交易所于1939年初歇业。

新中国成立后，为稳定金融物价，重建北京证券交易所，于1950年1月30日举行了开业典礼，重新挂牌营业。但是由于开支庞大及违法经营，不久又陷入亏损，1952年全部停业清理。

上海华商证券交易所

辛亥革命后，华资股份制公司越来越多，股票流通渐广，于是上海自发地形成了以茶楼为日常联络点的股票买卖市场。1914 年，上海 12 家股份有限公司在九江路设立上海股票商业公会，进行政府公债、铁路债券、公司股票、外国货币等买卖。1919 年 2 月，经该公会会员大会议决将其改组为上海华商证券交易所，1920 年 5 月经北洋政府农商部批准开始营业，发起人有范季美、张慰如、孙铁卿等，实有资本 100 万元。其证券交易分为现货和期货两种，交易对象包括股票和债券，以经营北洋政府的公债券为主。当时经上海华商证券交易所审查通过的上市股票多达 199 种，其中的热门股票有永安纱厂、新光内衣厂、商务印书馆、南洋兄弟烟草公司等。1922 年“信交风潮”之后，交易所股票暴跌，被迫改组。1927 年南京国民政府成立后，通过发行债券来弥补财政赤字，证券交易市场转趋活跃。1933 年，《证券

上海华商证券交易所
奠基纪念合影（1931 年）

上海证券交易所
现场交易情形

交易法》颁布后，上海证券物品交易所的业务全部并入上海华商证券交易所，使其实力大增。从此，上海华商证券交易所统一了沪上证券市场，成为当时远东最大的证券交易所，垄断上海证券市场 16 年。

1934 年，交易所筹资在汉口路建造了著名的上海证券大楼，拥有了完备的交易场所，并增加资本至 120 万元。证券大楼呈“工”字形布局，前后 5 层，中间 8 层，总建筑面积 17 000 平方米，4 到 8 层有 60 多间供客户使用的房间，茅盾的作品《子夜》中就有描述当时交易所每日人来人往的场面。抗战全面爆发前，交易数额日趋增加，特别是公债交易很活跃。1937 年抗战全面爆发后，该所奉命停业。1943 年 7 月汪伪政府颁令复业，专营华股交易，允许上市的股票有近 200 种。抗战胜利后，于 1945 年 8 月 18 日停止营业。1946 年 5 月，由国民党政府接收清理，以华商证券交易所为基础加以扩建，9 月份成立了上海证券交易所。上海解放前夕，1949 年 5 月初再次停业。

中国最早的信用合作组织

23

上海国民合作储蓄银行

早在1910年，从日本留学归来的谢霖（我国会计学创始人）就在其所著的《银行制度论》中介绍了欧美国家的“人民银行”制度，他认为这种人民银行制度的本质就是信用合作组织。几年后，薛仙舟真正将信用合作在中国付诸实践，成立了第一家信用合作组织，并为研究、推广合作主义作出了重要贡献。

薛仙舟青年时期深受改良思潮影响，曾赴美国加利福尼亚大学攻读经济学，后来又在柏林帝国大学专攻银行经济，他利用留学的时间深入观察欧美社会经济状况，研究资本主义制度弊端，试图找到一条救国救民之路。20世纪初，德国正在倡导“介于资本主义和社会主义之间的第三条道路”——合作主义，薛仙舟认为这种主张民众的联合与合作的方式，能够真正实现经济改造和社会改造的效果。1911年，薛仙舟回国后，应邀到复旦公学任教，开授德文、经济、公

复旦大学徐家汇校舍，上海国民合作储蓄银行曾设立于此

民等课程，并大力宣传合作主义。1919 年 10 月 22 日，薛仙舟联合部分复旦师生，自筹资金，创办了我国第一个信用合作组织——上海国民合作储蓄银行，并任首任行长。上海国民合作储蓄银行的宗旨是：补助小本经营，提倡合作主义，鼓励储蓄，发展经济。该行资本定为 1 万元，分 2 000 股，每股 5 元，分 5 个月缴足。资本收集近千元就开始营业。普通银行经营的业务上海国民合作储蓄银行都可办理，还设有公积金，实行储蓄存户与股东均分红利。与北京大学学生储蓄银行相似，上海国民合作储蓄银行也很重视对学生的培养教育，成为商科学生重要的实习场所。由于经营理念先进，与社会需求紧密联系，银行经营顺利，一年半就获利 1 000 余元，公积金和教育金各 195 元。1921 年，银行扩大了资本规模，资本总额增至 10 万元。在经营的十余年间，银行的影响很大，其提倡的合作思想也植入了复旦学子的心中，学生要求成立了“合作食堂”，创办了宣传合作思想的刊物《平民》，复旦因此也被誉为“合作运动的摇篮”。上海国民合作储蓄银行是中国最早的信用合作组织，也是中国早期合作运动的重要成果之一。

中国最具代表性的女子银行

24

上海女子商业储蓄银行

清末民初，上海等沿海商埠风气渐开，工商业的发展逐渐打破了中国农耕社会的坚冰，妇女意识也伴之逐渐觉醒。五四运动爆发后，西方的男女平等观念在中国城市阶层中进一步传播开来，妇女争取职业平等权、财产继承权的斗争日渐勃兴。妇女的就业范围不断扩大，女性创办实业的活动也不断增多。银行是中国女性最早涉足的行业之一，如民国初年，北京的新民储蓄银行附设“妇女储蓄部”，聘用女职员，专门招待女性客户。上海的国民商业储蓄银行、美丰银行、商业储蓄银行等，也都聘用女性担任会计、速记员之类职务。

1912 年，上海昆山籍进步女性张凤如在上海《民立报》上发表《发起女国民银行之说明》一文，并草拟《筹备中华女国民银行事务所缘起》及《简章》，提出创设“女子银行”的想法：“二万万女子以平均每人有银二两，九百万人，平均每人有金二两，积金一千八百万两，尚有男子及幼孩之金银饰物，保存于女子手者，统计殆不下二千余兆……以此巨资，为女子国民银行之资本，其伟大足冠全球，以之贷诸政府，外足以清偿外债，内足以资建设，诚能做到，女国民之能力，实足以夺六国银行团之席而代之。”

九年后，这一设想转变为现实。1921 年 9 月，中国现代第一家女子银行——中国女子商业储蓄银行在北京成立，营业未久，1925 年 7 月受北京“九六公债”风潮冲击而停业。

1924 年 5 月，上海女子商业储蓄银行登场。这家银行拥有天时地利人和的优势，20 世纪 20 年代正是金融业飞速发展的时期，兴办银行是当时的流行风潮，选址于远东金融中心上海是持续发展的一大地利，又得到陈光甫、张嘉璈等江浙财团领袖鼎力支持，甫一亮相，就受到舆论和商界的广泛关注与热情追捧。开业当天便成功揽储 50 余万元，开始书写中国妇女在金融史上光辉的一页。

女子银行以“提倡女子职业，号召女子储蓄、经济独立”为使命，同时也不排斥男性员工及客户。银行注册资金 50 万元，股东多为沪上富裕家庭的太太或女校女生，以及支持妇女运动的名流。严叔和女士作为该行主要发起人，银行成立后长期担任行长，张嘉璈之妹、徐志摩前妻张幼仪曾在该行担任副经理一职。女子银行擅于发挥性别优势，以方便女性、服务女性为营业重头戏，受到女性顾客的广泛欢迎。比

上海女子商业储蓄银行营业厅侧影（1949 年）

如在女校设立储蓄处，开展储蓄和代收学费业务。张幼仪曾回忆："许多在附近商店做事的年轻妇女，喜欢拿了薪水支票立刻上我们银行兑现。再在户头里留点钱当存款",而"大多年纪大的妇女都用我们的银行存放珠宝"。

女子银行实行稳健经营策略，业务平稳发展，顽强

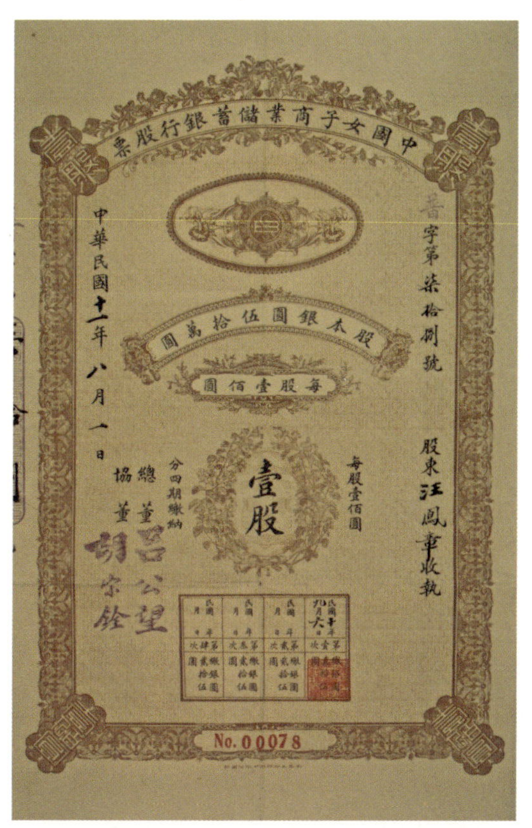
中國女子商業儲蓄銀行股票
股本銀圓伍拾萬圓
每股壹佰圓
晉字第柒拾捌號
中華民國十一年八月一日
股東汪鳳章收執
壹股
每股壹佰圓
分四期繳納
總董 呂公望
協董 胡宗銓
No. 00078

中国女子商业储蓄银行股票

挺过了艰难的抗战时期和金融崩溃的内战时期，直至 1955 年公私合营，才正式退出历史舞台。女子银行是近代中国妇女追求解放、独立、平等的产物，在动荡的经济环境中屹立三十余年，充分展现了中国妇女的金融才干和经营风采，在金融史上留下了光辉的一页。

中国最早的24小时营业银行——25

上海日夜银行

20世纪20年代，上海金融业快速发展，各行各业纷纷兴办银行，其中不乏大学生银行、女子银行等特色银行。“大世界”的老板黄楚九也不走寻常路，开办了一家日夜兼营的银行。黄楚九乃民国时期上海的商界奇人，一生横跨诸多商业领域，时人称他为“百家经理”。黄楚九幼年随父行医，制销的“艾罗补脑汁”成为其发家产品，之后他创办了中国第一家民族资本制药企业“龙虎公司”，建立了拥有21个医药企业的医药帝国“黄氏医药集团”，开设了中国第一个综合性娱乐场所“上海新世界”，开办了亚洲最大的娱乐中心“上海大世界”，发行了中国第一家娱乐报纸《大世界报》。“不到大世界，枉来大上海”，曾经是许多老上海人的一句口头禅。

“大世界”的成功经营，使得黄楚九雄心勃勃地进军房产业和金融业。1921年，各类交易所在上海遍地开花，黄楚九别出心裁，在大世界底层开设了一家专门在晚上营业的交易所——上海夜市物券交易所，目标客户是那些白天没有时间去交易所，想在晚上做点投机、发点小财的人。不过，夜市交易所开门时，银行早已关门轧账，客户没办法去存取钱款，影响了交易所的经营。于是，黄楚九斥资50万元自建配套设施，在大世界西南角开设了一家日夜银行，全天候营业，与交易所完美配合，交易所里每一笔买卖的收付事宜，都可以由该银行代理。

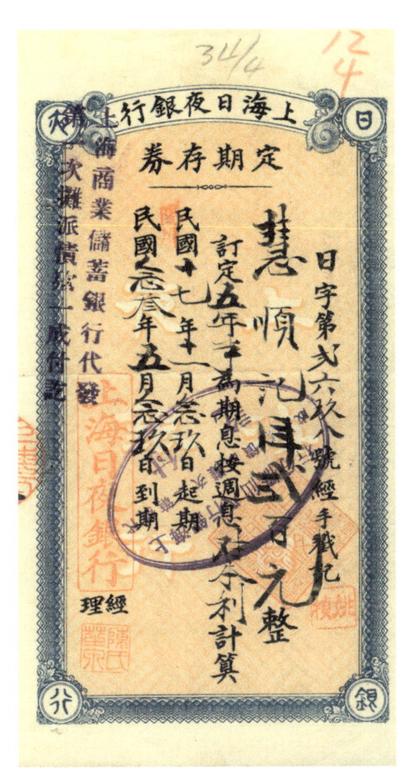
上海日夜銀行
定期存券
日字第弍六玖八號 經手戳記
慧順記
訂定五年正為期
民國十七年十一月廿玖日起期
民國廿叁年五月廿玖日到期
上海商業儲蓄銀行代發
經理

上海日夜银行存单

日夜银行依托“大世界”而发展，储户多为前来游玩、赌博的客人以及周边的摊贩业主、戏班、卖艺人等，黄楚九对这类小客户来者不拒，广泛吸纳零散游资。据传开业当天，黄楚九授命孙子与外孙反复去银行存取1元钱，为日夜银行立下了童叟无欺、存取自由、开户低廉的好口碑，加上利息略高于其他银行，营业时间长，客户接踵而来。

黄楚九又在“大世界”内部设立了日夜银行储蓄部，以“券利并给”的方式进行促销。对储户来说，存款不仅能得到利息，还会根据储蓄类别与金额获得不同数额的“大世界”

上海大世界

入场券，自然乐意参与这种变相的加利活动。对银行来说，发出的入场券终将变成游客在“大世界”中的消费，更多利息归入了日夜银行的账目中。仅三个月的时间，该银行就获得8.6万银元的净利润。

20世纪初，黄楚九的房地产投资惨败，资金周转失灵，数度挪动日夜银行的资金，终致债台高筑，引发挤兑风潮。黄金荣、杜月笙等人对黄楚九的产业觊觎多时，动用各种手段联合打击。又适逢其子猝然离世，黄楚九内外交困之下忧虑成疾，于1931年病卒于上海。当天晚上，日夜银行宣布停业清理，旧日辉煌仓促告终。

万国储蓄会

1912 年，法国人在上海法租界爱多亚路（现延安东路）7 号成立了万国储蓄会，以“有奖储蓄”的办法吸引了民间大量资金，风行了二十多年。万国储蓄会的创办人之一是法国人班顿（Beudin），他在鸦片馆结识了中国烟客唐伯超，两人臭味相投且囊空如洗，想出了一个借有奖储蓄的名义敛财的勾当。1912 年 3 月，经北洋政府财政部批准备案以及上海法国总领事署注册登记，万国储蓄会于 8 月正式开张。班顿领衔董事长，另外两名法国人西古和法诺担任常务董事，轮流做经理。经理室下面设新会、借款、出纳、会计、业务推销等部门。注册资本额为规银 4 万两，但实际到账一半。

万国储蓄会最先发行 100 元票面的小额奖券，规定 5 年还本。看到多数储户只关心奖金，对还本期限不甚在意，又改为 10 年还本。最后将有奖储蓄固定为全会、半会、四分之一会三种。全会每月存储 12 元，半会每月存储 6 元，

万国储蓄会海报

四分之一会每月存储 3 元，规定 15 年期满后分别发还本金 2 000 元、1 000 元、500 元。每月开奖一次，按照储蓄单的号码中签领取奖金。以全会为例，特奖 1 个独得 5 万元，头奖 50 个各得 2 000 元，二奖 50 个各得 300 元，三奖 50 个各得 200 元，四奖 50 个各得 100 元，尾奖 1 万个各得 12 元。给人以每月存入 12 元，可得奖金、得利息、分红利的印象。

奖金每月从所收存款总额中提取，该会每月印发全会会单号码约 10 万号，10 万号收入存款总额为 120 万元，从中提取 25% 作为奖金，计 30 万元。其余 90 万元则投资实业、套取外汇，收取巨额利息。

万国储蓄会大力宣传和推销有奖储蓄业务，经常刊登大版面的新闻，宣传其开奖、中奖信息，这些宣传对老百姓具有十足的吸引力，许多储户认为以小博大比存普通银行合算，实际上除了侥幸中得头奖的储户之外，其余 90% 以上的均是输家。另外，章程对储户设定了种种严格限制，只要储户稍有违反，所执会单就将失效或被没收。

在万国储蓄会的营销策略之下，储户存款快速增加，1934 年前后，其业务到了极盛时期，遍布全国各省市县以及较富庶的城镇，存款总额超过 2 亿元，而同期中国银行、交通银行等发行的纸币总数也不过 1 亿余元。这时，人们对这场圈钱的骗局才逐渐清醒起来，1933 年，经济学家马寅初首先在报纸上对这场诈骗黑幕给予了揭露和抨击。国民党政府迫于压力，下令禁止国人参加未经核准的有奖储蓄，逼迫万国储蓄会从内地全面撤出。1955 年 9 月，上海市工商行政管理局将万国储蓄会全部财产抵偿部分债务一事备案并发出通知。万国储蓄会终于宣告倒闭。

中国最早开办礼仪储蓄的银行

27

上海商业储蓄银行

20 世纪初，私营银行纷纷成立，为了拓展业务、提高声誉，经营者各出奇招。上海商业储蓄银行总经理陈光甫在经营管理方面很有一套，他主张“人争近利，我瞩远功。人嫌细微，我宁繁冗”，认为“若不出新制胜，必有落伍之虑”。当时，银行主要针对工商业放款，而不注重小额的储蓄业务，普通市民在银行、钱庄的小额存款，特别是银元存款，一般是不给付利息的。上海商业储蓄银行独树一帜，推出了“一元起存”新业务，一枚银元便可开户存款，最早实现银两、银元并存，打破钱业惯例，对银元存款亦付给利息。有好事者拿了 100 元要求开 100 户，银行员工也不厌其烦地办理。“一元”业务适合广大市民的储蓄需求，积少成多，为银行带来了好口碑和丰厚的利润。

上海商业储蓄银行在业务上不断创新，是我国最早开办旅行支票，最早推出养老储蓄、婴儿储蓄、子女教育储

左
上海商业储蓄银行大楼（1933 年）

右
上海商业储蓄银行礼券

蓄等储蓄业务创新产品，最早使用机器记账，最早办理外汇业务的私人银行，并于 1924 年 7 月率先发行了“礼券”。据资料记载，民国 12 年，陈光甫“鉴于各界礼尚往来，馈赠礼物，颇多耗费，为求实惠起见，引用‘君子赠人以德’之旨，遂有创办礼券储金存券之议。筹备数月，始于民国 13 年 7 月起发行”。这就是最早的银行礼券，其发行是为了吸收存款、方便储户，可用于馈赠亲友，携带方便，印刷精美，既可直接兑付，又可存储收息，一经推出便好评如潮。上海商业储蓄银行专门制定了礼券储金存券的收付记账办法 9 条，各分支机构都能发行收兑。礼券分为红素两种，对应红黑二色，陆圆礼券正面为双龙戏珠图，背面印有“缘起”（礼义来往以洽感情，然馈金似觉乎薄人，而赠品又不关于实用，迩来礼券盛行，于法则美，而究其终结浪费为多，仍非尽善也。欲求其足表心忱，又合俭德者，则礼券储金乃得之矣。本行故勉为之。古谓赠人以德，君子宝之储蓄美德也。以此赠人，盖实允宜诸维当世达人明鉴）。《礼券储金章程》规定:“一、此项礼券储金计分一元、二元、四元、六元、八元、十元六种。并备空白礼券一种，印就格式，其数目无论大小随时可填，其兑现及利息与以上六种同。二、此项礼券储金自填发日起按周息四厘计息。三、此项礼券储金得向本行储蓄处兑换现金或移作各种存款。四、凡以此项礼券储金向本行移作存款者，自该礼券储金填发日起，得按照订定之存款利率加补利息。”这种储金礼券面额多样，丰俭随意，适应人们婚丧嫁娶、礼尚往来的多种需要，可在各分行通兑现金、收取利息，颇受市民青睐。独具匠心的是，礼券还设计成冷暖两种色调，红色印有龙凤呈祥图案，用于婚嫁祝寿，素色印有松柏仙鹤图案，用于奔丧吊唁，极具个性化，以致当时上海的红白喜事场所随处可见该行的礼券。礼券的通用性不仅吸引了大量储户，亦为上海商业储蓄银行起了广告宣传作用。新颖的经营策略，先进的服务理念，不断革新的业务，使上海商业储蓄银行从一家“小小银行”发展成为全国闻名的大型商业银行。

中国最早的农村信用合作社

28

河北香河第一信用合作社

1920年，中国许多省份遭受严重旱灾，尤其是华北地区受灾最为严重，受灾农民达2 000万。为抵抗灾情，各省纷纷成立慈善捐助组织筹措赈灾款救灾，中外合办的华洋义赈救灾会也在这时成立。1922年，华北各省又告丰收，赈灾款尚有将近300万元的剩余，如何使用这笔赈灾款成为一个现实问题。11月，各地的华洋义赈组织联合成立中国华洋义赈救灾总会，当时人们认为救灾不如防灾，防灾不如组织灾区群众生产自救，提出了“救灾先须防灾，防灾先须调剂农村金融，俾能恢复元气”的理论，随即将目光转移到发展合作事业上来。1923年1月，总会拟定《农村信用合作社空白章程》，着手组织创办农村信用合作社的辅导工作。

1923年6月，河北香河第一信用合作社在香河县城内福音堂正式成立。中国华洋义赈救灾总会以低利贷给信用合作社500元，信用合作社再贷款给社员，这种贷款方式一定

20 世纪 50 年代香河县信用合作社定额储蓄存单

程度上满足了小农对资金的需求，抑制了高利贷盘剥，有利于协助农民促进农业建设，发展农业生产，改善民生。成立时有社员 31 人，均为香河县城内的农民，社员入社需认购社股，缴纳股金，采用无限责任制，以增进社员之间互相信赖。经社员推选由王玉堂担任执行委员主席，阮玉恒任监查委员主席。信用合作社有效地促进了农业生产，受到农民们的欢迎，宛平县等地纷纷效仿。至 1927 年，得到中国华洋义赈救灾总会承认的信用合作社已有 129 个，社员数千人，农村信用合作事业得到迅速发展。信用合作社不仅发行股票，有些还发行流通券等。

中国华洋义赈救灾总会在香河县开展的信用合作运动，开中国大规模合作实践之先河。这次试点的成果表明，兴办信用合作社可以帮助解决农村资金短缺问题，加快农村建设步伐，提高农民防灾能力，它不仅是一场农村经济改良运动，而且也为建立社会新式的互助制度作出了非常有益的探索。

中国华洋义赈救灾总会会花

在中国设立时间最长的外资银行——29

汇丰银行

汇丰银行成立之初的全名叫“香港上海银行公司”（Hongkong and Shanghai Banking Company），根据它的粤语简化读法以及“汇款丰裕”的好寓意，逐渐以“汇丰”一名为众人所知。该行成立于1864年8月6日，1865年3月在香港开业，至今仍在营业，在中华人民共和国成立前的八十多年中，几度控制了中国的金融市场，掌握了中国的财政经济命脉。

汇丰由多国外商共同发起，后由于利益竞争，全部股份落到英商手中，成为英国在华权益的代表。汇丰总行设于香港，上海设管辖分行，后来陆续在中国十余座城市及东南亚各地设立分支机构。作为一家外资银行，汇丰主要经营国际汇兑业务，提供贸易融资。同时，由香港政府授权发行钞票。1925年起，纸币发行额开始不加限制，到1937年，每年发行量高达20 025万元。1874年，汇丰经办了中国第一宗国债，此后在众多赔款、借款事件中大量贷款给清政府，通过贷款取得了中国关税和盐税的收存权，控制了多条铁路。从1916年起，汇丰还取得代总税务司收存保管中国内债的权利，仅这一项便能使银行旱涝保收。汇丰凭借政治特权和经济实力，垄断了中国的国际汇兑，至1935年，中国官方外汇汇价都是以汇丰的挂牌价为标准的。20世纪30年代初，汇丰在华存款余额占全中国当时商业银行存款余额总数的近50%。位于外滩12号的汇丰银行大楼被称作“从苏伊士运河到白令海峡最华贵的银行建筑”，汇丰的成功与风光一时无二。

1937年，日本发动全面侵华战争，上海沦陷，日本人将关税收存权转至横滨正金银行，汇丰在上海的业务几乎陷入停顿。1941年底太平洋战争爆发后，日军侵占上海租界，汇丰被日本强行接管。战争结束后，汇丰迁回此楼，恢复营业，却不复当年之勇。中华人民共和国成立后，汇丰上海分行经政府指定经营部分外汇业务，成为在华“幸存”的四家外资银行之一，其他分支机构先后清理停业。1955年，汇丰撤出上海，汇丰银行大楼收归国有，成为上海市政府大楼。改革开放之后，汇丰在华业务逐步恢复，重新在北京、广州、深圳等地设立办事处，1984年，经中国人民银行批准，汇丰深圳办事处升格为正式分行，成为在中华人民共和国取得

汇丰银行大楼

汇丰银行大楼内部天顶壁画

汇丰银行纸币

银行牌照的首家外资银行。1991 年，汇丰上海分行首批获准经营全面外汇业务，1996 年又成为首批获准经营人民币业务的外资银行。1995 年，上海浦东发展银行安家于汇丰银行大楼。2000 年 5 月，汇丰银行中国业务总部落户上海浦东大道 1 号。

30

北京香山慈幼院儿童储蓄银行

1917 年，河北地区水灾泛滥，当时主持赈灾的水利督办熊希龄利用官款补助和赈灾余额设香山慈幼局，专门收容受灾区无家可归的孤儿，并提供护养和教育。1920 年，搬迁到北京名胜皇帝行宫香山静宜园，改名为香山慈幼院。为了促成此事，时任中华民国大总统徐世昌亲自与清皇室商量，将其永久借用。作为回报，220 名八旗破落子弟成了香山慈幼院的第一批学员。1920 年 10 月，千人规模的香山慈幼院正式开院。开办经费主要来源于两处：政府拨出 12 万元作为建院专款，5 万余元作为基金；水灾募捐余款中，拨出 64 万元。其中，建院花费了 27 万元。

从成立那天起，熊希龄就下定决心，教与养齐头并进，不仅要收养孤儿，还要使他们具备社会需要之公识，成为“健全国民”。在香山慈幼院，孤儿是正统，学校称之为正生，所有费用全免；专来求学的孩子，身份却是附生，完全自费。

香山慈幼院
儿童储蓄银行
流通券

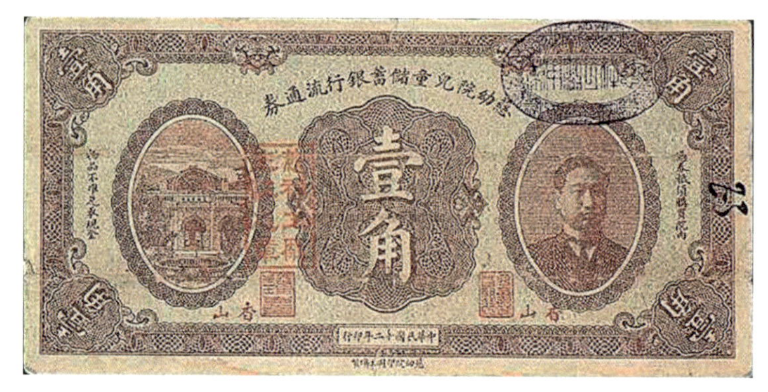

正、附生共同寄宿学习，学校一视同仁。从创立到 1966 年被接管，香山慈幼院共把 6 000 多名孤贫儿童培养成才，其中出了十几名中华人民共和国部级以上干部，北京市模范教师数不胜数。

全院列为一个总院和六个分院，从婴儿教保园、蒙养园到小学、中学、实习工厂、农场，甚至职业学校，涵盖了从婴儿到成年的各教育阶段。院内设有图书馆、音乐馆、体育馆、跑冰场、游泳池等设施，供学生学习游乐，并要求学生学会劳作，培养卫生习惯，甚至组成学生议会、警察所，实行学生自治。除学校之外，慈幼院设有商店，办有儿童储蓄银行。商店和银行均由在院学员参与管理，作为实习、实践的机会。1923 年，儿童储蓄银行发行院内流通券，学生可用于储蓄和在院内购买物品。流通券的票面图案主题均为左侧香山景，右侧熊希龄像，分别冠以儿童储蓄银行、第三院、第四院、工厂之名。面值有壹分、贰分、伍分、壹角四种。流通券上印有“凭券抵须购买院内物品，不准兑取现金”文字。第三院乃慈幼院的中学部；第四院为向学生提供职业教育的地方，包括木工厂、铁工厂、织布厂、缝纫场等；工厂也就是第五院，即“工徒学校”，实行半工半读，“计功授食制”，是让年龄更大的学生学习傍身之长的地方。

儿童储蓄银行的业务较为单一，却能满足院内学生生活购物、储蓄理财、实习工作的各种需要，可谓“麻雀虽小，五脏俱全”。北京香山慈幼院儿童储蓄银行发行的流通券具有重要的历史价值、文化价值，是慈幼院近代慈善教育工作的见证。

中国第一家征信机构

31

中国征信所

与银行、保险业类似，中国虽无现代意义上的征信机构，但早有征信性质之活动，如钱庄就会对借款客户进行信用调查。1918 年，上海银行公会在《银行周报》中对“征信所”作了介绍：“征信所在日本名称为兴信所，英名 Mercantile Agency，即调查个人之财产信用及营业状况，而报告于银行或商业业者之机关也。”1932 年 3 月，中国银行、上海银行、浙江兴业银行等七家银行共同组织了中国兴信社，性质是以研究征信问题及信用调查方法为主的学术团体，希望通过社团培养金融人才，健全金融市场。第一次社员大会推选章乃器、祝仰辰、资耀华三位干事，负责指导中国征信所的建立。6 月 6 日，在兴信社的发起下，中国第一家独立的民间信用调查机构——中国征信所在上海银行公会会址内宣布成立，标志着中国征信业的起步。征信所的主要业务为报告市场实况，受会员或外界委托调查工厂商店及个人身家事业之财产

中国征信所单据

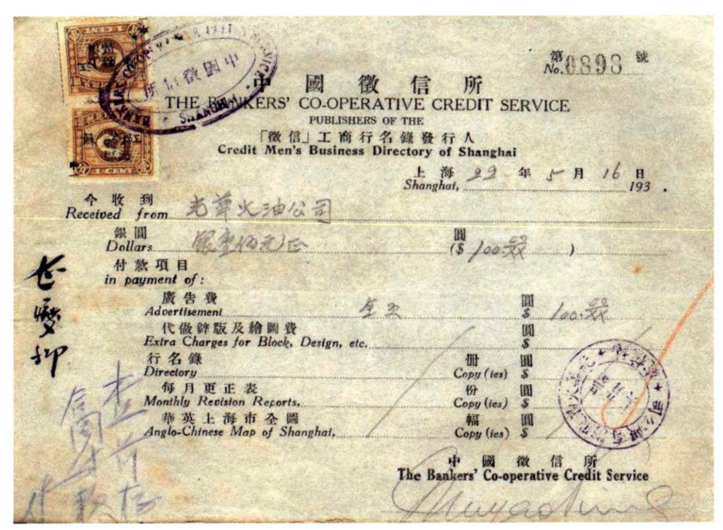

第 0893 號 No.

中國徵信所

THE BANKERS' CO-OPERATIVE CREDIT SERVICE

PUBLISHERS OF THE

「徵信」工商行名錄發行人

Credit Men's Business Directory of Shanghai

上海 29 年 5 月 16 日 Shanghai, 193

今收到 Received from 光華火油公司

銀圓 Dollars 圓 ($ 100.00)

付款項目 in payment of:

廣告費 Advertisement 圓 $ 100.00

代做鋅版及繪圖費 Extra Charges for Block, Design, etc. 圓 $

行名錄 Directory 冊 Copy (ies) 圓 $

每月更正表 Monthly Revision Reports, 份 Copy (ies) 圓 $

華英上海市全圖 Anglo-Chinese Map of Shanghai, 幅 Copy (ies) 圓 $

中國徵信所 The Bankers' Co-operative Credit Service

信用状况，以促进工商信用的发展。征信所采取会员制，最初的 12 家基本会员共同组成董事会，章乃器出任董事长。

章乃器为人熟知的身份是救国会“七君子”之一，同时，他也是权威的金融家，他深入浅出地解释了征信所的工作：“比方，甲商人要向乙银行通融一点款项，乙银行在允许通融之前，必然要知道甲商人是怎样的一个人：他的财产有若干？他的事业发达吗？他的费用太大吗？他的过去的历史怎样？他的品性怎样？他一向对于欠款的偿还，准确而不失约吗？他的家庭状况怎样？他所交的是哪一类的人？……”征信所便是对这些信息进行调查，客户来源不止银行、工厂、

上海银行公会大楼（中国征信所办公地）

批发商，也包括保险公司、订婚男女等。此外，征信所负责调查市场状况，对金融市场上的动态如商品价格、交易行情等进行调查统计，出版《每日商情报告》，并编纂了中国商界的《征信工商行名录》，对国内金融市场研究有重要的参考作用。在章乃器等人的领导下，征信所拥有严格的管理制度，信用调查工作按照调查、复查、审查的程序有序开展。按章乃器的说法，“在我的领导之下，征信所打垮了三家日本人的信用调查机构和一家美国人的信用调查机构，成为全国独占的事业”。不久，征信所的会员几乎囊括了所有重要的华资银行，其创办和发展适应了我国金融业发展的要求，为会员与客户提供了便利，规避了风险，客观上促进了民族资本企业的发展。

金章云开

理论制度篇

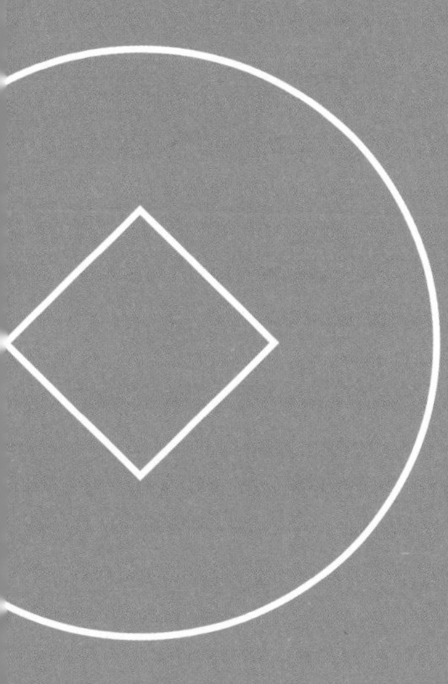

中国最早的货币理论

32

子母相权论

周王室自东迁以后，势力日益衰微，政治上和经济上都面临许多困境。据《国语 · 单穆公谏景王铸大钱》记载，春秋末年（公元前524年），天大旱，患钱轻，为了解决财政困难，周景王“将铸大钱”，废除小钱。卿士单旗反对这样的做法，谏曰:“不可。古者天降灾戾，于是乎量资币，权轻重，以振（赈）救民。民患轻，则为作重币以行之，于是乎有母权子而行，民皆得焉。若不堪重，则多作轻而行之，亦不废重，于是乎有子权母而行，小大利之。今王废轻而作重，民失其资，能无匮乎？若匮，王用将有所乏，乏则将厚取于民。民不给，将有远志，是离民也。……且绝民用以实王府，犹塞川原而为潢污也，其竭也无日矣。若民离而财匮，灾至而备亡，王其若之何？吾周官之于灾备也，其所怠弃者多矣，而又夺之资以益其灾，是去其藏而翳其人也，王其图之。”周景王没有采纳他的提议，依然铸造了大钱。

符合"子母相权论"的魏国釿布

这段谏言的核心内容就是单旗提出的"子母相权论"，他阐明了货币问题中的两对基本概念——轻重和子母。货币的轻重是指货币的价值，要"量资币，权轻重"，在交换中和通过对商品（资）的比较来衡量货币（币）的价值。当"天降灾戾"时，农作物歉收，物价上涨，于是"民患轻"。同时，当时的货币是用铜铸造的，金属货币体积的大小、质量的轻重是与价值成正比的，大钱即是重钱，小钱便是轻钱了。所以，货币的轻重既受商品价值变动的影响，又是本身金属材料价值的表现。

《国语 · 周语》中记有"币轻物贵，推行重币以市贵物，称母权子；币重物轻，推行轻币以市贱物，亦不废重，称子权母"，这表明流通钱币的轻重，是与物价相适应的，必须适合市场流通的需要。"币轻物贵"类似今天的通货膨胀现象，物价居高，货币贬值，这样就"推行重币以市贵物"，即发行大面额货币或增加发行量，以重钱、大钱来"权"小钱、轻钱。重钱、大钱即为"母"，轻钱、小钱为"子"，"子母相权"意为并行流通的两种货币，以原有货币为标准确定对另一种的交换率，如果百姓感到钱轻、钱小，不能与物价相匹配，就铸造大钱、重钱，以小钱为本位，按照一定的比价并行流通，叫作“母权子而行”；反之，就是“子权母而行”。两种货币并行流通的前提是不能铸大废小、铸新废旧，并且新币必须是足值的。如此，大钱、小钱都能顺利流通，便于百姓使用，如果废小铸大，造成货币贬值，使百姓的财产受到损失，就会导致经济秩序混乱、国家财政枯竭，这是丧失民心的做法。

“子母相权论”作为我国目前已知最早的货币理论，是对货币流通实践的高度理解和总结，具有进步性和探索性。春秋以降，我国古代的货币经济快速发展，各国都存在币制混乱的问题，单旗总结出的“子母相权”是适合于大小铸币混合流通局面的解决方案。春秋战国时期，多国铸币都参考了这一范式，如魏国的釿布，其币文纪地名兼纪重，以“釿”为货币单位，有“二釿、一釿、半釿”三等币制。其币值、大小、重量依次递减，正符合“子母相权”之定义，在商品交易过程中，这种货币非常便于流通使用。此后，这一理论逐步扩大为铜钱与铁钱、铜钱与纸币、白银与纸币之间的相权而行，西汉的“轻重”理论、唐代的“虚实”理论、宋代的“称提”理论，实际上都是对“子母相权”的继承和发展。“子母相权论”为我国古代的货币理论框架提供了第一块基石，成为中国历史上运用最久的货币理论之一。

33

中国最早有文字记载的单式记账法——商代甲骨卜辞

据司马迁《史记·夏本纪》:“自虞夏时，贡赋备矣。或言禹会诸侯江南，计功而崩，因葬焉，命曰会稽。会稽者，会计也。”记载的是大禹曾召开全国贡赋会议，统计考核各地缴纳贡赋的情况，有人自恃治水有功而拖欠贡赋，大禹便处死了他。由此，大禹始创了会计、审计工作，即“会稽”工作。虽然这里的会计只是一种钱财贡赋的统计方式，但已是中国会计与审计制度的萌芽。我国最早有文字记录的记账方式出现在商代，采用的是单式记账法，通俗而言就是流水账，对经济收支事项的记录采用文字叙述方式。“商人尚鬼”，商代的统治者常常通过占卜问神，根据神的旨意作出决策。甲骨文便是商代王室占卜问事时所刻录在龟甲和兽骨上的卜辞。

根据前人对甲骨卜辞的研究总结，我国商代的“会计”记录有以下三个特点：第一，对每笔经济事项的记录，采用文字叙述式的记录方法，反映经济事项的基本内容，内容陈述的先后并无统一规定，只求从文字上阐述清楚。当时的记录已有专门的账簿，称为“册”，是一种用麻绳把竹片串在一起的“账簿”。第二，对每笔收支事项，按照时间发生的先后顺序，流水式地在“简册”上进行登记。以自然类别（而不是以经济活动的内在联系）确定每笔经济事项在简册中的位置。卜辞记录了经济事项发生的月、日，有些地方还记有年份及某王统治时期。若是记载用牲情况，支出的品种、数量、地点等信息都非常清楚完备。在商代甲骨文字中，反映事物数量变化的从一到十的数字已建立完备，这些基本数字已成为我国数学运算及会计核算的基础，在此基础上，数字的位值制也得以建立，在甲骨文中一、十、百、千、万均有专门的表示符号。这种“会计”记录方法对经济事项的内容反映已比较完整。第三，以行为动词表示经济活动的性质及记录方向的基本取向。由于受经济发展水平和文化水平的限制，人们还不能固定地以某种动词作为记录的符号，而只能根据生产、生活及战争中的一些动作，仿造出一些具有动词意义的词加以表示，如“获”“入”“用”“出”等。

这三个特点体现了我国“单式记账法”的最初形态，从严格意义上来讲，文字叙述式的记账方法并不是标准的会计记账方法，既没有明确的记账符号，也没有固定的记账格式，但商朝的会计记账方法已经有了单式记账的思想，这种单式

甲骨账本

记账思想是与低下的生产力水平相适应的，是自给自足的自然经济的伴随产物。那时的单式记账是极其简单的，但它是三千多年前的古人所创造的最早的中式会计，对后世的影响深远。

34 中国最早出现『会计』一词的朝代——西周

据《周礼·天官冢宰》记载，我国从周代就有了专设的会计官职——司会，“掌国之官府、郊野、县都之百物财用。凡在书契、版图者之贰，以逆群吏之治而听其会计”，司会掌管赋税收入、钱银支出等财务工作。“会计，以参互考日成，以月要考月成，以岁会考岁成。”进行参互、月计、岁会，每月零星盘算为“计”，一年总合算为“会”，两者合在一起即成“会计”。

从青铜器的铭文上可以看出，“会”字与“计”字出现在西周时期，“會”字上为“合”，下为“曾”（古时是“增”的通假字），有增加、聚合和汇总之意。“计”字左为“言”，右为“十”。古时直言曰“言”，难言曰“语”，故“计”字包含务必准确、不虚假乱造之意。“十”字由代表东西的“一”和代表南北的“丨”组成，古时以所在的部落为中心，人们沿着东西南北的方向分别外出狩猎，归时将猎物汇总于中央，

“会”字的西周青铜器铭文

秦代简牍中的“计”字

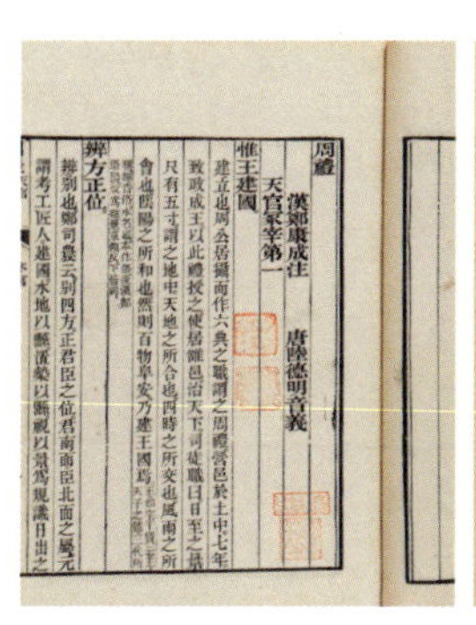

周禮

漢鄭康成注　唐陸德明音義

天官冢宰第一

惟王建國

建立也周公居攝而作六典之職謂之周禮營邑於土中七年致政成王以此禮授之使居雒邑治天下司徒職曰日至之景尺有五寸謂之地中天地之所合也四時之所交也風雨之所會也陰陽之所和也然則百物阜安乃建王國焉

辨方正位

辨別也鄭司農云別四方正君臣之位君南面臣北面之屬元謂考工匠人建國水地以縣置槷以縣眡以景為規識日出之

《周礼 · 天官冢宰》

汇合加重，进行计算。“会计”最早就是记载简单的经济活动。

中国对“会计”的命名以及主管会计的官职均起源于西周。西周的会计方法已经比较成熟，机构也比较健全。除了司会之外，又设司书、职内、职岁和职币四职分理会计业务，其中司书掌管会计账簿，职内掌管财务收入账户，职岁掌管财务支出账户，职币掌管财务结余，相当于今天的会计账簿、凭证、报表。西周还建立了定期会计报表制度、专仓出纳制度、财物稽核制度及内部牵制制度。这表明在西周时期，我国已经初步形成了会计工作组织系统，形成了明确的会计概念。

中国最古老的专门计算方法

35

筹算

筹算，是中国古代以筹为工具来记数、列式和进行各种数与式的演算的一种方法。筹算具体出现时间尚不可考，但根据典籍记录和考古发现，至迟在战国初年已经出现。筹算法的工具是算筹，“筹”是一种用于计算的小圆棍，一般用竹子做成，也有用木、骨或其他材料制作的，直径1分（1分≈0.33厘米），长6寸（1寸≈3.33厘米）。算筹数系是世界上唯一只用符号的方向和位置的组合，表示任何十进位数字或分数的系统。算筹记数的规则，最早载于《孙子算经》：“凡算之法，先识其位。一纵十横，百立千僵。千、十相望，万、百相当。”用算筹表示数，有纵式和横式两种方式。在纵式中，纵摆的每根算筹都代表1，表示6到9时，则上面摆一根横的代表5。横式中则是横摆的每一根都代表1，表示6到9时，其上面纵摆的一根代表5。而且规定，个位和百位必须用纵式，十位和千位必须用横式，纵横相间，

古代算筹

遇零便置空，使各位界限分明，遵循十进位制，以免发生混乱。算盘中上面的一个珠子代表5，下面的一个珠子代表1，正是从算筹延续下来的。

使用算筹可以很方便地进行四则运算以及乘方、开方等较复杂运算，并可以对零、负数和分数作出表示与计算。比如，汉代时，人们用红色算筹表示正数，黑色算筹表示负数，用以解决线性方程组问题；明朝时，人们按照筹码的表数结构制成了暗码，用以记账。从战国时期一直到明朝被珠算取代之前，筹算是中国古代进行日常计算的主要方法。但算筹也有严重缺点：一个缺点是运算时需要较大的地方摆放，位数越多，问题越难，需要占用的面积就越大，用起来就不大方便；另一个缺点是运算过程不保留，它的运算过程实际上就是挪动算筹，运算了下一步，上一步就看不到了，出了错误

纵式	𝍠	𝍡	𝍢	𝍣	𝍤	𝍥	𝍦	𝍧	𝍨
横式	𝍩	𝍪	𝍫	𝍬	𝍭	𝍮	𝍯	𝍰	𝍱
	1	2	3	4	5	6	7	8	9

不便检查，只好重算一遍。中国古代数学没有发展为现代数学，筹算方法的限制是一个重要原因。元末明初之后，珠算逐渐代替了筹算，但运算过程不保留的缺点珠算仍然存在。

现代数学中，有一个分科叫“运筹学”，其名称也来源于古代筹算。《新唐书 · 李勣传》：“其用兵多筹算，料敌应变，皆契事机。”在军事领域，对排兵布阵、武器粮草等问题必须经过数学计算，所以，“运筹”成为“出谋划策”的代名词，汉高祖刘邦曾评价张良“运筹帷幄之中，决胜千里之外”。筹算法是中国古代各种重要数学发明的基础，开创了中国古代以计算为中心的机械化数学体系，它在我国应用了约两千年，对中国古代数学的发展功不可没。

《元和国计簿》

我国最早的关于会计方面的专著是唐代元和（唐宪宗年号）二年（807年）十一月，由宰相李吉甫撰写的《元和国计簿》。李吉甫，字弘宪，赵郡（河北赵县）人，唐德宗时任太常博士，宪宗即位后，先后任翰林学士、中书侍郎、同平章事。在治理国家、管理财政方面颇有建树，撰有《元和国计簿》《元和郡县图志》等书。

《元和国计簿》的内容主要分为三个部分。第一，是按行政区划统计户籍，国计簿显示："总计天下方镇凡四十八，管州府二百九十五，县一千四百五十三，户二百四十四万二百五十四。"户籍是封建社会重要的税收依据，对户籍的统计可以反映国家税收来源和财政收入的预算情况。第二，是按国家财政收入项目记载各项收入数额，详细列举了各个财政收入项目的明细及变化，反映国家财政收入的实际情况。第三，是通过与天宝年间的数据对

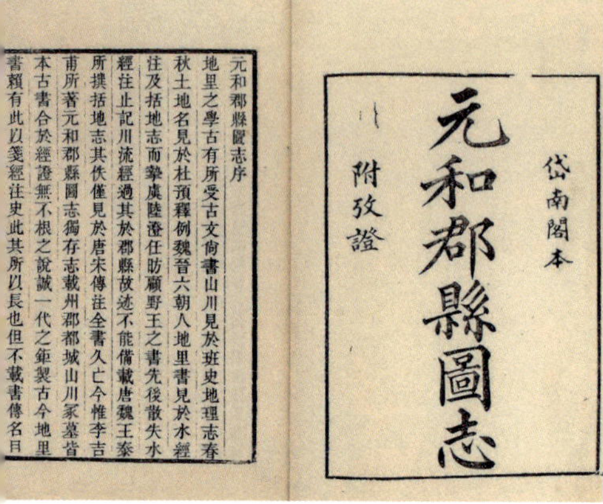
岱南閣本

元和郡縣圖志

附攷證

元和郡縣圖志序

地里之學古有所受古文尚書山川見於班史地理志春秋土地名見於杜預釋例魏晉六朝入地里書見於水經注及括地志而摯虞陸澄任昉顧野王之書先後散失水經注止記川流經過其於郡縣故迹不能備載唐魏王泰所撰括地志其佚僅見於唐宋傳注全書久亡今惟李吉甫所著元和郡縣圖志獨存志載州郡都城山川冢墓皆本古書合於經證無不根之說誠一代之鉅製古今地里書類有此以箋經注史此其所以長也但不載書傳名目

《元和郡县图志》

比，分析国家财政收支存在的问题。《资治通鉴》中《宪宗元和二年》有注文道：“元和两税，榷酒、斛斗、盐利、茶利总三千五百一十五万一千二百二十八贯石。较天宝所入少一千七百一十四万八千七百七十。”由此可看出该书对各项收入的详细记载。通过对比，得知国家财政恶化的症结在于藩镇割据导致的军费开支巨大与财政分散以及统治阶级生活奢侈等问题，李吉甫针对这些情况提出了相应的解决措施，建议改变久任藩镇制、简并省官、选拔理财能臣等等，这是以会计核算为基础而进行的经济改革。

《元和国计簿》成书于唐朝中晚期，是为了改善财政危机而作的，采用绝对数和相对数的方法进行财务分析，是对会计数据的一种纵向应用，体现了会计核算在国家经济管理工作中的作用，为唐代进行财政调整作出了重要贡献，是我国会计制度发展的里程碑。

中国最早的本位货币思想

37

法钱

贾谊（公元前200—前168年），西汉著名政论家、文学家，著有《过秦论》《论积贮疏》等名篇。他自幼聪颖，才华过人，20岁便破格担任博士（西汉时期向皇帝建言献策、议论政事的官名），一年之内便升任太中大夫（比博士更高级的议论政事的官位），他的治国韬略与文学才情无须多言。无奈官场斗争诡谲复杂，贾谊身处旋涡中心，遭人排挤陷害，几次起起落落，空有满腹经纶却不得施展，32岁时便抑郁而终。贾谊曾多次上书，直言时弊，其中不乏经济思想，充分展现了他在治理国家方面的超人天赋以及在经济制度方面的远见卓识。

“法钱”思想是贾谊于汉文帝五年（公元前175年）在《谏除盗铸钱令》中提出的。西汉初年，经济萧条，货币贬值，私铸盛行，《汉书·食货志》记载：“孝文五年，为钱益多而轻，乃更铸四铢钱，其文为‘半两’。除盗铸钱令，

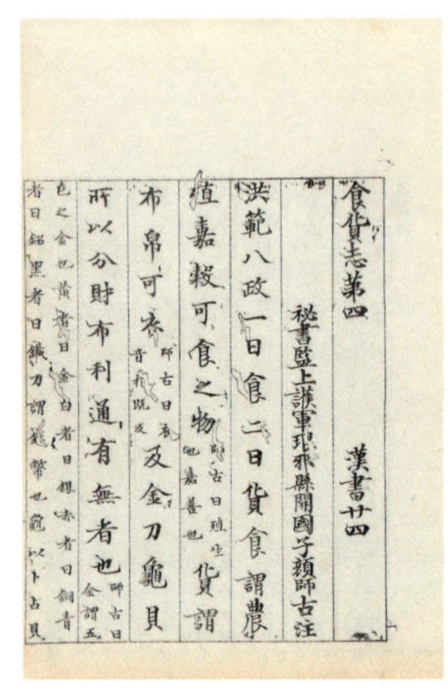

食貨志第四　漢書廿四

秘書監上護軍琅邪縣開國子顏師古注

洪範八政一曰食二曰貨食謂農殖嘉穀可食之物（師古曰殖生也嘉善也）貨謂布帛可衣（師古曰衣音於既反）及金刀龜貝所以分財布利通有無者也（師古曰金謂五色之金也黃者曰金白者曰銀赤者曰銅青者曰鉛黑者曰鐵刀謂錢幣也龜以卜占貝

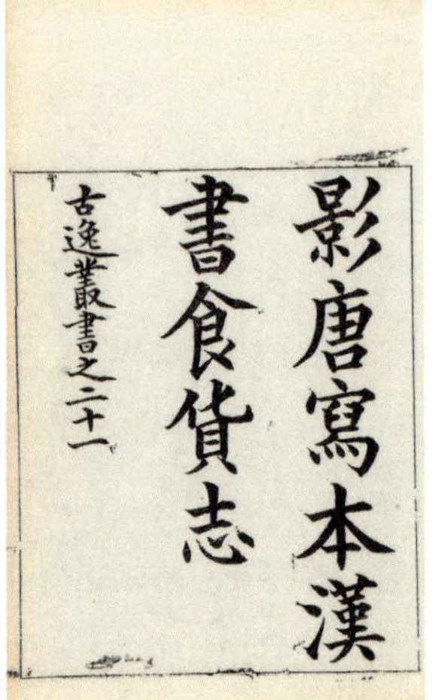

影唐寫本漢書食貨志

古逸叢書之二十一

《汉书·食货志》

使民放铸。”贾谊认为民间私铸弊端颇多，会导致货币贬值、扰乱货币市场；民心不定、“为民设阱”，百姓容易心存侥幸、掺杂劣材，触犯法令；妨碍以农为本。于是贾谊便上书谏阻：“铸钱之情，非淆杂为巧，则不可得赢，而淆之甚微，为利甚厚。”“且世民用钱，县异而郡不同：或用轻钱，百加若干，轻小异行；或用重钱，平称不受。法钱不立，吏急而一之乎？则大烦苛而民弗任，且力不能而势不可施；纵而弗苛乎，则郡县异而市肆不同，小大异用，钱文大乱。夫苟非其术，则何向而可哉？”“法钱”一词，便出于此。颜师古注为“依法之钱也”，即现在我们说的标准本位货币。不过，当时贾谊提出这一概念主要是为了反对民间私铸货币，垄断货币的铸造权，所以强调的不是其法偿效力，而是其形制的标准，如法定的单位金属货币的材质、成色、重量和形式，这些是标准单位货币需满足的条件。在奏疏中提到的“淆杂为巧”是指货币的成色不合规定，“轻钱”“重钱”指的是重量不合标准，“钱文大乱”指的是如果放开民间私铸，势必会导致货币体系的混乱。所以，贾谊提出:“铜毕归于上，上挟铜积以御轻重，钱轻则以术敛之，重则以术散之，货物必平。”认为应将币材铜收归国有，不让铜流布于民间，也不准老百姓私自采炼铜矿，从根源上杜绝民间私铸或盗铸，并垄断铸币权，以便对经济进行宏观调控，从而实现货币与商品的平衡。

贾谊的经济思想继承和发展了战国以来的重农理论和民本思想，主张统一铸币权，由国家来控制货币流通，把货币看作封建国家干预经济及民事的工具，其货币主张是以实现货币制度的统一与稳定为目的的。对法钱、正钱概念的规定以及“立法钱”的要求，虽然当时未被汉文帝采纳，但被后来的汉武帝充分推行，客观上为汉武帝实现统一的五铢钱制度开辟了道路。“法钱”思想是我国货币史上最早的本位货币思想，在世界货币思想史上也是较早出现的货币理论之一。

38 劣币驱逐良币规律的人——中国最早记录

贾谊

“劣币驱逐良币”是经济学中一个古老的原理，这一现象早在公元前 5 世纪希腊剧作家阿里斯托芬的作品中已有所揭示，英国财政大臣格雷欣最早总结了该现象，故通常称为“格雷欣法则”（Gresham's Law）。而真正最早提出这一理论的人实际是中国西汉时期的政治家贾谊，比格雷欣提前了 1 700 余年。“劣币驱逐良币”说的是在复本位制下，有两种货币同时充当本位货币，两种货币之间有一定的兑换比率，当一种货币的价值下降之后，另一种货币反而会因更加“值钱”而离开流通市场（熔化、贮存、收藏、输出等），使得实际价值较低的“劣币”充斥市场。这种现象不仅会发生在金属货币流通中，也会发生在纸币流通中，甚至在整个商品市场和社会交往中都有体现，延伸为社会学、政治学领域通用的定则。这个规律建立在信息不对称的基础上，往往会出现“水至清则无鱼”的情况。

贾谊像

贾谊提出的“奸钱日繁，正钱日亡”指的就是劣币驱逐良币现象。汉文帝五年（公元前 175 年），废除盗铸钱令，听民自由铸造四铢钱。而铸钱者为图额外利益，往往在铸钱时混入铅、铁等贱金属，不足值的劣币大量流通给金融市场造成了极大的混乱。《谏铸钱疏》便成文于这一背景之下。贾谊提出：“铜毕归于上，上挟铜积以御轻重，钱轻则以术敛之，重则以术散之，货物必平。”他认为应将币材铜收归国有并垄断铸币权，以便对经济进行宏观调控。同时应铸行法钱，统一铸币标准，禁止民间铸钱，以避免劣币充斥市场。不然就会导致“奸钱日繁，正钱日亡”。“奸钱”即“劣币”，“正钱”即“良币”。劣币和良币一起流通，而且在进行交易时它们是完全等价的，人们自然会选择用劣币来进行支付，而将足值的良币窖藏起来。历朝历代都有轻钱、小钱，导致币值混乱，物价异常，这就属于不足值货币驱逐足值货币的现象。虽然汉文帝在当时未能采纳贾谊的建议，但后来的汉武帝则将贾谊的主张充分推行，为五铢钱的盛行打下了充分的基础。

“劣币驱逐良币”的实现是有条件的，即劣币和良币同时都为法定货币，两种货币有一定的法定比率，两种货币的总和必须超过社会所需的货币。因此，劣币驱逐良币实际上是货币制定者在制定货币时无视市场规律指定货币交换比例而产生的问题，只要保证市场货币定价的统一标准，供应与商品量匹配的货币，这种问题就不会发生。一般来说，一个强有力的中央政府会垄断货币的发行权，并用铸造虚值大额货币——“劣币”的方法来为财政服务，可是这种政策是有限度的，当这种剥削达到一定程度时，要么劣币和良币根据市场的需求各自作价使用，要么一个新的政权出现并整顿货币制度，使符合流通需求的良币重新回到交易中来。到了唐朝，著名理财家刘晏还利用这一规律迫使劣币退出流通市场：刘晏于上元元年（760 年）兼任铸钱使后，改行稳健的货币政策，坚决制止铸币贬损、膨胀，并且还将虚价大钱的法定价值贬低到它的实际价值以下，宣布各种大小钱皆等价流通，这样大钱便为人们自动销毁而退出流通，从而逐渐恢复了原来开元通宝钱的正常流通制度，改变了货币流通的混乱状态。

中国最早的货币史著作

39

《史记·平准书》

《平准书》是司马迁《史记》八书之一，全文5 000余字，以西汉财政、农业、运输以及战争为主，其中涉及货币的约占五分之一，记述了汉高祖到汉武帝时期货币的演变。“平准”是什么意思呢？《平准书》里说，“（桑弘羊）置平准于京师，都受天下委输。召工官治车诸器，皆仰给大农。大农之诸官尽笼天下之货物，贵即卖之，贱则买之。如此，富商大贾无所牟大利，则反本，而万物不得腾踊。故抑天下物，名曰‘平准’”。“平准”一方面是为了平抑物价，使富商大贾不能靠操纵市场而牟取暴利；另一方面是为了进行宏观调控，增加政府收入。

在对“天下物”的调控之中，当然包括对货币的管理。《平准书》中记录了西汉货币的演变史。汉初，接秦之弊，百废待兴，“秦钱重难用，更令民铸钱，一黄金一斤，约法省禁”。汉高祖因秦币重而不便，开放民间铸钱，黄金的计量单位由

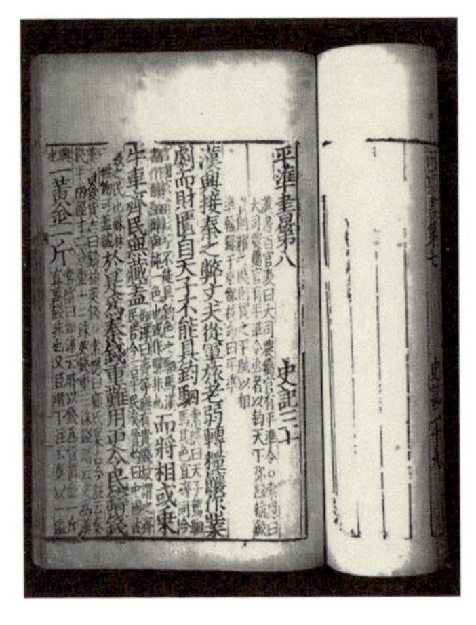
平準書第八　史記三十

漢興接秦之弊丈夫從軍旅老弱轉糧饟作業劇而財匱自天子不能具鈞駟而將相或乘牛車齊民無藏蓋於是爲秦錢重難用更令民鑄錢一黃金一斤

《史记·平准书》

24 两的镒改为 16 两的斤，同时又减少各类规定，放宽禁令。而一些投机分子囤积居奇导致物价飞涨。“至孝文时，荚钱益多，轻，乃更铸四铢钱，其文为‘半两’，令民纵得自铸钱。故吴诸侯也，以即山铸钱，富埒天子，其后卒以叛逆。邓通，大夫也，以铸钱财过王者。故吴、邓氏钱布天下，而铸钱之禁生焉”。到了汉文帝时期，荚钱（以钱形薄小如榆荚而得名）盛行，朝廷便新铸四铢钱，钱上的文字仍为“半两”。诸侯大夫铸钱敛财，财富胜过帝王，为日后的叛乱创造了物质条件，朝廷开始禁止民间铸钱。到了汉武帝时期，政治、经济日趋稳定，政府认为除了开采铜矿，应该把金、银、锡等都用来铸币，甚至出现了价值四十万钱的白鹿皮币，至此，半两钱退出了历史舞台。武帝时期的货币政策就复杂起来了，白鹿皮币、白金三品都是货币改革的产物，三铢钱、五铢钱依次成为主流货币。政府将私铸货币定为死罪，铸造大量的“良币”挤占市场，使盗铸成本增加，并实行盐铁专营、颁布缗钱令，中央集权进一步强化，货币币值逐渐稳定。在货币改革中，还有许多具体的法令和案例，《平准书》最早较系统地记载了西汉货币发展的背景和脉络，对于以后各代的《食货志》产生了深远的影响。

中国现存最早的钱币学术著作——40

《泉志》

宋代钱币种类繁多，流通具有明显的地域性，民间收藏钱币的风气逐渐浓厚。加上金石学的兴起，有关钱币的谱录逐渐增多，两宋古钱著录多达十余种，如陶岳《货泉录》、金光袭《钱宝录》、李孝美《历代钱谱》、于公甫《古今泉货图》、董逌《钱谱》、姚元泽《钱谱》、洪遵《泉志》等，惜大都失传，幸存于今的最早钱币古谱当推南宋洪遵《泉志》一书。

洪遵（1120—1174），南宋饶州鄱阳（今江西鄱阳）人，字景岩，号小隐。绍兴十二年（1142 年），中博学鸿词科，赐进士，后擢为秘书省正字。绍兴二十八年任起居舍人，七月同高宗讨论铸钱问题，并议设置永平和永丰钱监。他博通文史，以正直敢言著称，好收藏金石和历代钱币，著有《订正史记真本凡例》《翰苑群书》等书，其中以《泉志》一书著称。“泉志”就是“钱志”，是专门记录古代钱币的书。洪

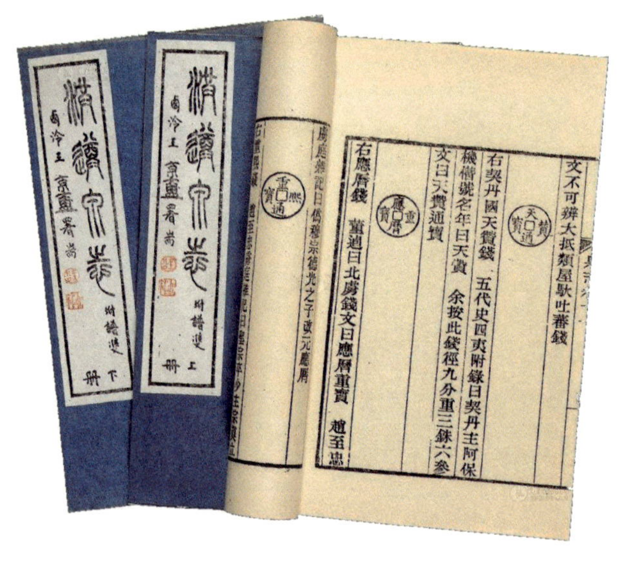
文不可辨大抵類屋馱吐蕃錢
天贊通寶
右契丹國天贊錢　五代史四夷附錄曰契丹主阿保
機僭號名年曰天贊　余按此錢徑九分重三銖六參
文曰天贊通寶
應曆重寶
右應曆錢　董逌曰北虜錢文曰應曆重寶　逌至忠

《泉志》

遵写序言道：“泉，用于世旧矣，其始作之艰，且劳者也不幸，则为水之所溺，火之所燔，土之所蚀。又不幸则为金工所铄，童孺所摅，夷航蛮舶之所负，其不耗也危乎，殆哉！幸其犹有存者，而世或未之见，余窃惜之，此《泉志》之所为作也。”《泉志》之前，中国的钱币学研究已经有了一定的规模，洪遵认为顾烜、封演、金光袭、李孝美、董逌等人的书或太简略，或多失误，他要结合实物，“旁考传记，下逮稗官所纪”，纠正前人失误，撰写一部较为充实可靠的关于钱的专著。

《泉志》成书于绍兴十九年（1149 年），引用史志文献 90 余种，汇辑古谱资料 163 例，记载翔实且富有见解。全书 15 卷，引述前人文字的次序为先正史，次笔记杂说，再次钱币谱录，最后洪氏本人论说，以“余按”别之。共著录五代以前中外历代钱币 348 枚，分为正用品、伪品、不知年代品、天品、刀布品、外国品、奇品、神品、压胜品九类，其中如永光、景和、天成、乾封泉宝大钱等均为钱币之大珍。这些上古钱币均为以前著录，其实并无实物，靠此书得以传承，洪遵本人藏钱计有132品，也都录入书中，加以考证论叙。

《泉志》的重要价值之一就是承上启下，南宋之前的泉学成果依靠此书得以留下记载，书中引据前人著作多达90余种，洪遵在引述前人著作时，亦有自己的见解和判断，此又难能可贵，因“（前人）述事援据颇有疏略”，故洪遵对前人“述事”不仅记录、解读，而且辨别和判断，具有一种鉴古知今的现实意义。由于其父洪皓长期留金，洪遵首录辽金货币，对西夏、日本、安南等域外货币都有著录考证。

《泉志》保存了中国古代钱币的重要图文资料，对一些古代货币的断代、真伪等有建设性的见解，虽然也存在一些缺陷、错误，但整体来说对我国后世钱币学研究影响深远。钱币学家罗伯昭先生评价道：“一者，当公之世，泉学未昌，泉价未昂，赝鼎必无，可断也；二者，公之说严慎，有其泉则说之，无其泉宁缺之，传信千古，奠基后进，泉志之功，可信可哉。”

中国最早的货币史料汇编

41

《通典·食货典》

《通典》是中国第一部记述典章制度的通史，其中的《食货典》为中国最早的货币史料汇编。编者杜佑（735—812），字君卿，京兆万年（今陕西西安）人，出身于名门望族，以荫入仕，官至检校司徒、同中书门下平章事、守太保，谥安简，封岐国公。杜佑为唐代著名史学家、政治家，嗜读书，涉猎广泛，因刘秩所著《政典》条目未尽，乃另编《通典》200 卷，内容为历代典章制度的沿革变迁，上起远古唐虞时代，下迄唐肃宗、代宗时期。编撰工作自大历元年（766 年）开始，完成于贞元十七年（801 年），历时 35 年。全书分为食货、选举、职官、礼、乐、兵、刑、州郡、边防九门，每门又分子目若干，共约 190 万字。《食货典》冠卷首，占据了 12 卷的篇幅，卷八、卷九为钱币卷，汇集了历代文献中关于钱币的资料，始于周的原始货币，止于乾元元年（758 年）的乾元重宝，共计 1.3 万多字。

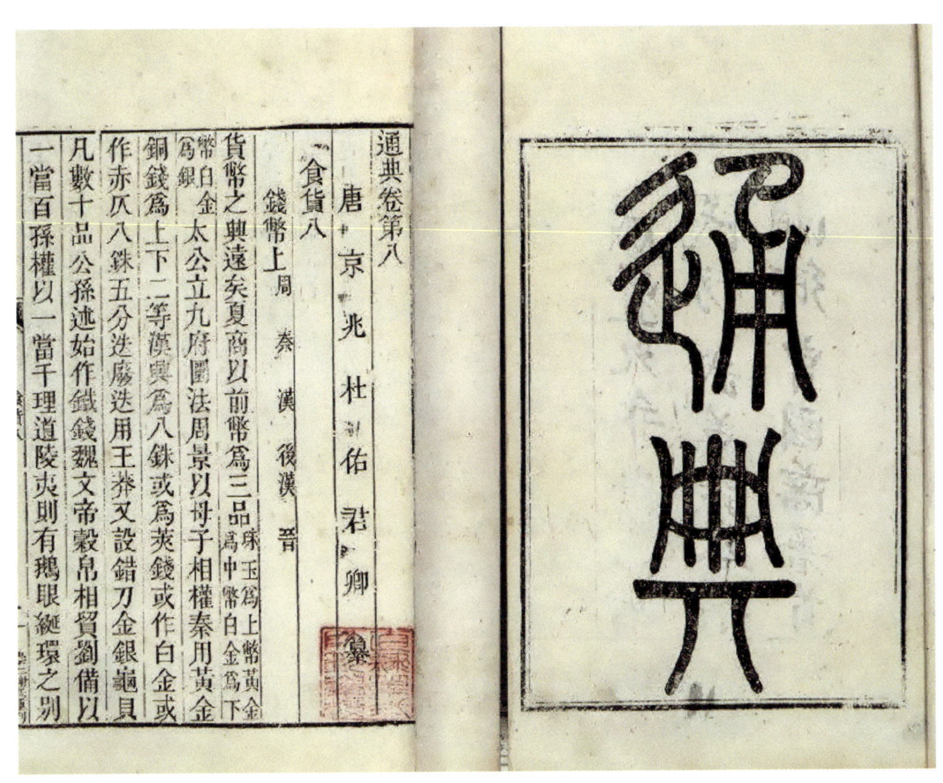
通典

通典卷第八

唐 京兆 杜佑 君卿 纂

食貨八

錢幣上 周 秦 漢 後漢 晉

貨幣之興遠矣夏商以前幣為三品珠玉為上幣黃金為中幣白金為下幣白金為銀太公立九府圜法周景以母子相權秦用黃金銅錢為上下二等漢興為八銖或為莢錢或作白金或作赤仄八銖五分迭廢迭用王莽又設錯刀金銀龜貝凡數十品公孫述始作鐵錢魏文帝穀帛相貿劉備以一當百孫權以一當千理道陵夷則有鵝眼綖環之別

《通典·食货典》

以食货为先是正史书志中前所未有的，《史记》《汉书》等皆以礼书、礼乐为先，而《通典》将食货置于全书之首，不仅是形式与内容上的创新，也是作者史学观点和写作布局的体现。杜佑在自序中解释道：“夫理道之先在乎行教化，教化之本在乎足衣食。《易》称聚人曰财。《洪范》八政，一曰食，二曰货。《管子》曰：‘仓廪实知礼节，衣食足知荣辱。’……是以食货为之首，选举次之……”可见，杜佑认为经济才是关乎国计民生的头等大事，长期的从政经验使杜佑对经济问题的研究有可靠的实践依据，其货币思想正是其经济思想的重要组成部分。杜佑货币思想形成的社会背景是安史之乱前后，钱币数量不足制约了经济的发展，于是有人提出“不禁私铸”的建议，反对者认为“盗铸者破重钱以为轻钱”，会导致“恶钱”（不足值货币）流通。杜佑同样主张足值铸币，他批评通货膨胀：“其后言事者，或惜铜爱工，改作小钱，或重号其价，以求赢利，是皆昧经通之远旨，令盗铸滋甚，弃南亩日多，虽禁以严刑，死罪日报，不能止也。”表达了彻底的货币金属主义观点。

《通典》是中国历史上第一部体例完备的政书，是典章制度专史的开创之作。《食货典》是关于货币典制的通史，也是中国最早的系统的货币史料汇编，不仅囊括了全面的货币资料，而且也反映了编者杜佑对历代货币制度的认识和品评，具有极高的历史价值。

42

中国最早论及货币流通速度同货币数量关系的理论——

沈括的货币流通速度论

沈括（1031—1095），字存中，杭州钱塘（今浙江杭州）人。北宋著名科学家、政治家，博学多才，官至翰林学士、三司使等职，曾执掌中央财政事务。沈括曾参与王安石变法，后来遭连累坐贬。晚年居润州（今江苏镇江），把平生见闻记述成《梦溪笔谈》，是中国科学史上的笔记体巨著。沈括对科学、政治、经济涉猎颇深，以关于货币流通速度的论述最为精辟。

熙宁十年（1077 年），宋神宗问沈括"公私钱币皆虚"的原因何在，沈括总结出了三类钱币短缺的原因，其中一种就是民间储藏阻碍了货币的流通。《续资治通鉴长编》卷二八三熙宁十年六月壬寅条记述沈括的意见说："钱利于流，借十室之邑，有钱十万，而聚于一人之家，虽百岁，故十万也。贸而迁之，使人飨十万之利，遍于十室，则利百万矣。迁而不已，钱不可胜计。"把钱藏在家里，无论过多久数量都不会变化，如果贸而迁之，拿来交易、使用，便能获利多多，流动得越频繁其扩散效果越大。沈括认为加速货币流通就等于增加了货币量，这样相当于减少了货币的需求量。就沈括所处的年代来说，当时并未形成系统的经济、货币理论，但沈括善于观察、勤于思考，当宋神宗忧心于举国的货币数量太少时，他即能一针见血地为神宗释疑。

六百多年后，西方哲学家洛克也总结出了这个道理。他认为贸易需要一定比例的货币，是因货币在流通的过程中会推动许多贸易的齿轮，但一国到底需要多少货币却很难确定，因为流通中的货币需求量不仅取决于货币的数量，也取决于货币的流通速度。马克思的货币需求理论中也涉及货币流通速度的问题，认为货币需求量与流通速度成反比。货币流通速度和利率、消费倾向、产业结构等之间存在着复杂的关系，时时对市场产生着影响。早在一千多年前，沈括就已经准确地意识到了货币流通速度与货币量的关系，可见其对市场和经济的理解之透彻。

《梦溪笔谈》

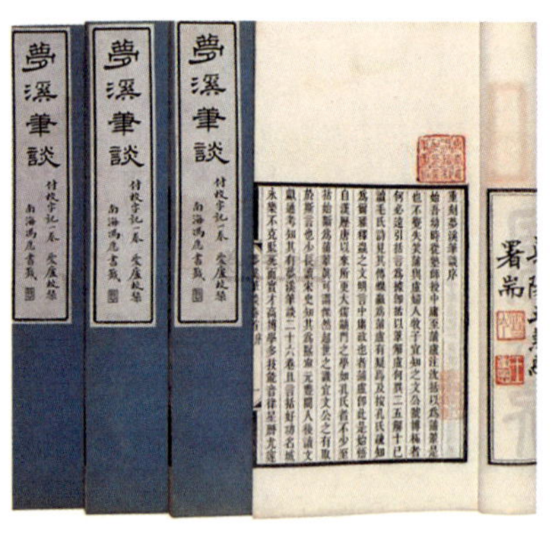

43 中国古代对纸币发行准备金的最早论述

周行己的钱物相等论

周行己（1067—1125），字恭叔，永嘉（今浙江温州）人。北宋教育家，曾任太学博士、秘书省正字等职，著有《浮沚集》。北宋末年，货币流通混乱，周行己针对这一现象于徽宗大观年间（1107—1110）写成《上皇帝书》（《浮沚集》卷一），阐述了他对商品同货币关系的理解。

周行己认为货币本身并没有贵贱、轻重之分，只有在同商品交换时才有了具体的价值；商品本身也无所谓贵贱、轻重，同样只有在交易时才体现出价值。春秋时期的单旗在“子母相权论”中有类似的论述。在此基础上，周行己十分重视交换过程中钱物相等，即钱币的铸造材料和商品的价值相等，“相为等而轻重自均”。这样货币的购买力始终与商品价格相适应，就不会出现通货膨胀或收缩的情况。他认为货币具有实际的金属价值，故而任何人为赋予的名义价值，会在流通中自动地与其实际价值相等。比如“当十必至于当三，然后可平”，即当十大钱的金属含量如果只有当三小钱那么多，那当三小钱就可以当作当十大钱来使用，这就会导致物价上涨，货币贬值，最后当十大钱还是会贬值成当三小钱的价值，只能与价值当三小钱的商品相交换。发行这样的不足值货币会造成通货膨胀，引起民间私铸，使人民蒙受其害，国家亦受其苦。

除了对金属货币的评论，周行己对纸币的发行也有自己的见解。他建议在陕西、河北、河东三路发行纸币，以弥补铁钱携带不便和限制流通区域的弊端。为了保证纸币的信用，发行纸币应有准备金，周行己说：“臣欲各于逐路转运司置交子，如川法。约所出之数，桩钱以给，使便于往来，其说一也，朝廷岁给逐路籴买之数，悉出见钱公据，许于京师或其余铜钱分路就请，以便商贾，其说二也。前日钞法交子之弊，不以钱出之，不以钱收之，所以不可行也。今以所收大钱，桩留诸路，若京师以称之，则交钞为有实而可信于人，可行于天下。其法既行，则铁钱必等，而国家常有三一之利，盖必有水火之失，盗贼之虞，往来之积，常

《浮沚集》

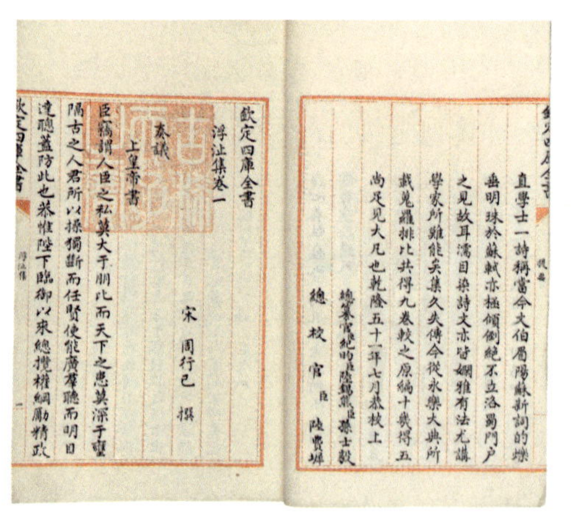
直學士一時稱當今文伯眉陽蘇新詞的皪
垂明珠於蘇軾亦極傾倒絕不立洛蜀門戶
之見故耳濡目染詩文亦皆嫺雅有法尤講
學家所難能矣集久失傳今從永樂大典所
載蒐羅排比共得九卷較之原編十幾得五
尚足見大凡也乾隆五十一年七月恭校上
總纂官臣紀昀臣陸錫熊臣孫士毅
總校官臣陸費墀

欽定四庫全書
浮沚集卷一
宋 周行己 撰
奏議
上皇帝書
臣竊謂人臣之私莫大于朋比而天下之患莫深于壅
隔古之人君所以操獨斷而任賢使能廣聦聽而明目
達聰蓋防此也恭惟陛下臨御以來總攬權綱勵精政

居其一。是以岁出交子、公据，常以二分之实，可为三分之用。”周行己建议发行两种纸币，一种是仿四川的交子法，估计所发行的数量，预留准备金，以便兑现。这种交子是代表铁钱的纸币。另一种是为了籴买粮食而发行的现钱公据，这种公据许在京师或其余铜钱分路兑取，这种“纸币”实际是一种汇票。前者便利一般商品往来，后者则着重于便利商贾。周行己认为，发行纸币一定要有铜贯钱作为准备金，称之为“实”，供人们随时兑换。但是准备金不一定是十足的，占纸币发行量的三分之二就足以支持流通。因为人们只会拿一部分交子去兑换铜钱，另一部分交子或处于流通之中，或损坏于水火灾害之中，或流失于盗窃之中，或被贮藏起来，不需要兑现。这用不到的三分之一准备金，就是国家的发行利益，即“三一之利”。实际上，纸币的信用越高，准备金就可以越少，三分之二的准备金率未必准确，但在世界金融史上，周行己第一个提出了准备金不需足额的理论，极大地丰富了中国古代货币思想的内容，反映出宋代发达的信用经济和繁荣的金融景象。

中国最早主张使用黄金和白银铸币的史学家

44

王祎

王祎（1321—1372），字子充，号华川，义乌来山人。元末明初的文学家、史学家。幼从祖父王炎泽，后师事柳贯、黄溍，以文章著名。元至正八年(1348年)游访燕京，曾上八千言书论时政。后来危素、张起岩举荐于朝，又上万言书，未被纳用。遂归隐青岩山著书，名声日盛。明初，朱元璋率部攻取婺州，王祎应召，被任为中书省掾史。二十一年，进《平江西颂》，朱元璋大喜，说："吾固知浙东有二儒，卿与宋濂耳。学问之博，卿不如濂；才思之雄，濂不如卿。"明洪武元年(1368年)，上疏建议"忠厚以存心，宽大以为政"，"浙西既平，课敛当减"。二年，与宋濂共修《元史》。书成，升翰林待制，同知制诰兼国史院编修官，教皇太子经学。五年正月，以招谕云南，死于节，谥忠文。著作有《大事记续编》《王忠文公集》及《重修革象新书》，所著《泉货议》为元末所上万言书的一部分。

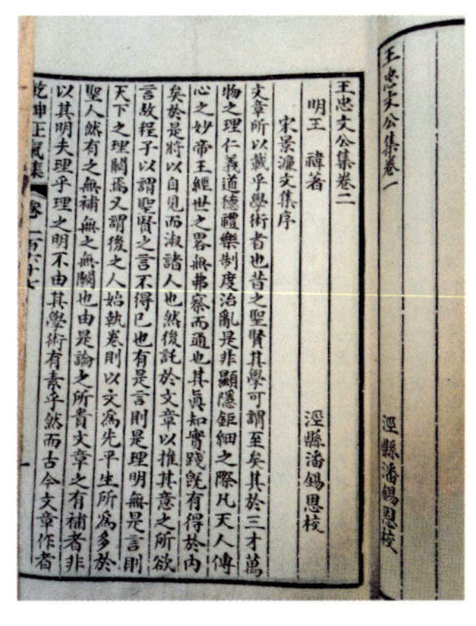

王忠文公集卷一

涇縣潘錫恩校

王忠文公集卷二

明王褘著

宋景濂文集序

涇縣潘錫恩校

文章所以載乎學術者也昔之聖賢其學可謂至矣其於三才萬物之理仁義道德禮樂制度治亂是非顯隱鉅細之際凡天人傳心之妙帝王經世之略無弗察而通也其眞知實踐旣有得於內矣於是將以自見而淑諸人也然後託於文章以推其意之所欲言故程子以謂聖賢之言不得已也有是言則是理明無是言則天下之理闕焉又謂後之人始執卷則以文爲先平生所爲多於聖人然有之無補無之無闕也由是論之所貴文章之有補者非以其明夫理乎理之明不由其學術有素乎然而古今文章作者

乾坤正氣集

《王忠文公集》

他在《泉货议》中说道:“天下之物，以至无用，而权至有用者，泉货是也……于国家者，恒赖以为生民之大命，而不能以一日废，一日或废，则国家之命，几乎息矣。”在这里，他肯定货币是关系国家命脉，不能以一日废的东西，在中国历史上，还从来不曾有人把货币存在的必要性提到这样的高度。面对元末行将崩溃的纸币制度，王祎主张整顿钱法，反对虚价大钱，认为大钱的使用“质轻而利重，故盗铸者多”,历史上凡铸大钱“皆旋踵而废”;主张重启铜钱流通，但是禁私铸，民间可开采铜矿，但是由官府代为铸造新钱。

同时, 王祎主张以金、银铸造贵金属币, 虽然金、银早在春秋战国时期就已经作为货币使用, 但因其贵重、稀有, 后世多以铜、铁为主要造币材料。王祎指出:“且今公私贸易, 苦于铜钱重不可致远, 率皆挟用二金, 藉使有司不明立之制而使之用, 公私之间, 有不以之为用者乎?”认为用黄金、白银为钱, 与铜钱并行流通是“因其所利而利之者”, 利用金银本身的高价值, 可以减轻铜钱沉重、不便携带的负担, 成为理想的货币。正如马克思所言, 货币天然不是金银, 而金银天然是货币。不过, 当时封建社会缺乏必需的技术手段和经济环境来供应贵金属货币, 但是王祎的这个设想仍是一次重要的尝试。

45

中国历史上使用最广泛、影响最大的计算工具——

算盘

算盘，是一种计算数目的工具。从“算”的异体字“祘”的字形可看出算盘与算筹的关系——延续了算筹横竖相间的排列。算盘呈长方形，由框、梁、档、珠四部分组成。纵向内贯直柱为“档”，一般从九档至十五档，档中横以梁，梁上两珠，每珠作数五，梁下五珠，每珠作数一，左档各珠数值为右档的十倍。运算时定位后拨珠计算，可以做加减乘除等算法。清代钱大昕在《十驾斋养新录 · 算盘》中说道：“古人布算以筹，今用算盘，以木为珠，不知何人所造，亦未审起于何代。案：陶南村《辍耕录》有走盘珠、算盘珠之喻，则元代已有之矣。”实际上，算盘在北宋已经广为使用了，在《清明上河图》中就可以看到赵太丞家药铺柜上放着一架算盘。1921 年 7 月，北平国立历史博物馆在巨鹿三明寺故址发掘了一批宋徽宗年间的古物，有木桌、碗箸、盆、石砚、围棋子等，其中还包括一颗算盘珠——木质，扁圆形，与现

《清明上河图》中的算盘

今通用的算盘珠大小相仿，此珠现存北京历史博物馆。这颗“巨鹿算珠”被公认为中国最早的珠算实物。关于算盘的文字记载最早见于明代《九章详注算法比类大全》，该书成书于明朝景泰元年（1450 年），作者吴敬，字信民，号主一翁，杭州府仁和县人。他从《九章》中摘采算法，分为十卷，记述了方田、粟米、衰分、少广、商功、均输、盈朒、方程、勾股、开方等计算应用问题，首次记录了加减口诀、乘除易会算诀等。全书共 1 400 多问，70 余万字，历时十年完成。书中最早记载了“算盘”二字，如“不用算盘，至无差误”“免用算盘并算子，乘除加减不为难”等。

算盘是由我国古代劳动人民创造出来的一种计算工具，具备结构简单、坚固耐用、携带便利、计算快捷准确等优点。

明代初年，算盘在我国流行开来，陆续传到日本、朝鲜、东南亚等地，受到广泛欢迎。时至今日，虽然计算机已经普及，但古老的算盘仍然没有被废弃，反而因它的灵便、准确等优点，在许多国家方兴未艾。因此，人们往往把算盘与中国古代四大发明相提并论。2013 年，联合国教科文组织在阿塞拜疆首都巴库审议通过，珠算正式成为人类非物质文化遗产，这也是我国第 30 项被列入非遗的项目。

中国最早的复式记账法

46

龙门账

我国的复式记账法起源于宋代的“四柱清册”结算法，四柱结算的基本公式为“旧管 + 新收 – 开除 = 实在”，包含了进行会计核算及会计结算的四大要素，为单式记账发展为复式记账奠定了基础。最早的复式记账法叫作龙门账，始于明末清初的商界，与汇通天下的票号一样，由山西商人所开创。相传创始人为傅山——明清之际的思想家、书法家、医学家，山西太原人。清初，他与大学者顾炎武在山西开设票号，以期积累资金反清复明，龙门账起初就是为了改善票号的经营管理而设计的，后来被逐渐推广到工商企业。这一说法存在许多疑点：第一，傅山作为明末清初大名鼎鼎的人物，其治学、游历、行医、研古之事皆被后人反复研究，如果他有经商的经历，必会记入其年谱、传记之中，但是文献资料里并没有相关记载；第二，票号于清代道光年间诞生于山西平遥，而傅山卒于康熙年间，当时应该还没有票号这种金融

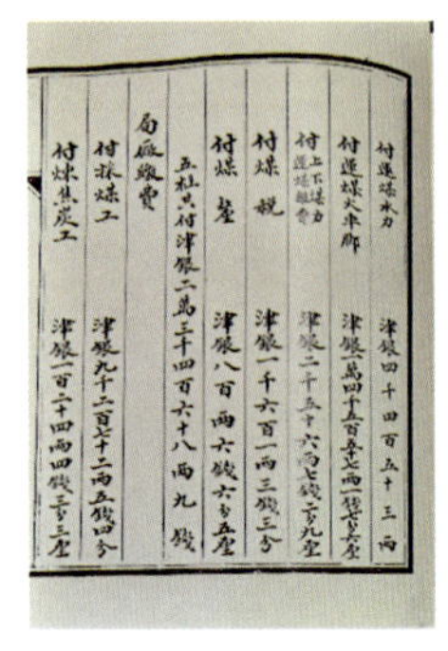
付運煤水力 津銀四千四百五十三両
付運煤大津脚 津銀一萬四千五百五十七両一錢七分六厘
付上下煤力運煤雜費 津銀二千五十六両七錢一分九厘
付煤 稅 津銀一千六百一両三錢三分
付煤 釐 津銀八百両六錢六分五厘
局廠經費
五柱共付津銀二萬三千四百六十八両九錢
付林煤工 津銀九千二百七十二両五錢四分
付煤焦炭工 津銀一百二十四両四錢一分三厘

开平煤矿龙门账

机构。至今，龙门账的创始人是不是傅山仍然扑朔迷离，不妨先来看看龙门账究竟是什么。

龙门账是一种适合于民间商业的会计核算方法，其要点是将全部账目划分为进、缴、存、该四大类。“进”指全部收入，包括利息收入和经营收入等；“缴”指全部支出；“存”指全部资产，包括生财、存货、现金和债权等；“该”指负债并包括业主投资。四者的关系是：该 + 进 = 存 + 缴，或进 – 缴 = 存 – 该。年终结算时“进”大于“缴”或“存”大于“该”即为赢利。这种双轨计算盈亏，并通过差额平衡试算进行对账的会计方法，被形象地称为“合龙门”，“龙门账”因此而得名。龙门账遵循“有来必有去，来去必相等”的记账规则，若不等，就表明记账有误，因此，它能起账项之间相互勾稽的作用，当时的进缴表（利润表）和存该表（资产负债表）与后来的损益表和资产负债表没有本质的差别。龙门账是伴随着明末清初资本主义的萌芽而出现的，其诞生标志着中式簿记由单式记账向复式记账的转变，代表了当时中式会计的最高水平。

《钱录》

《钱录》是研究中国历代钱币的著作，也是中国货币史上第一部官方辑录，誉称“钦定钱录”。此书成于清代乾隆年间，由梁诗正等人编修而成。梁诗正（1697—1763），字养仲，号文濂子，斋名青勤堂，浙江钱塘（今杭州市）人，清代著名书法家。雍正八年（1730 年）中探花，授翰林院编修，乾隆时历任刑部、户部侍郎，兵部、吏部尚书。官至东阁大学士，加太子太傅，凡朝廷重要文稿多出其手，总裁《国史》《文颖》《续文献通考》《西清古鉴》各馆，相关文章体例大多由他确定。卒谥文庄。乾隆十五年（1750 年），梁诗正等人奉敕据内府所藏历代钱币纂辑《钱录》，至次年夏编成，参与编撰者还有蒋溥、董邦达、汪由敦、于敏中等大臣。《钱录》凡 16 卷，共收录自伏羲氏至明代崇祯年间钱币，以及外国货币、吉语钱、厌胜钱共 567 枚，以编年为序。卷一，伏羲氏帝昊钱至舜当金，附异布十种；

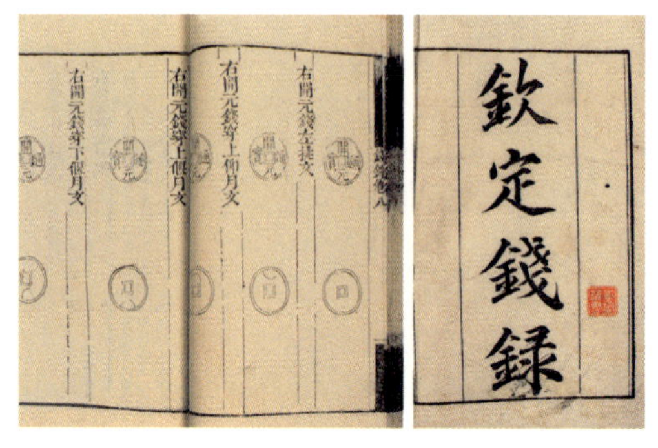

《钱录》

卷二，周景王宝货至秦半两；卷三，汉高祖半两至武帝赤仄五铢；卷四，王莽大泉至货泉，附钱范；卷五，后汉灵帝四出文五铢至蜀李寿汉兴钱；卷六，宋文帝四铢至后周宣帝永通万国钱；卷七，隋文帝五铢白钱至通行泉宝；卷八，唐高祖开元通宝至哀宗天佑通宝，附史思明钱二种；卷九，后唐明宗天成元宝至刘守光应天元宝；卷十，宋太祖宋元通宝至钦宗靖康元宝；卷十一，南宋高宗建炎通宝至度宗咸淳元宝，附钱牌；卷十二，辽太祖天赞通宝至金章宗泰和重宝；卷十三，元武宗至大通宝至明庄烈帝崇祯通宝；卷十四，外域诸品；卷十五，撒帐吉语诸品，附异钱各种；卷十六，厌胜诸品。

《四库总目提要》记道："伏考《御定西清古鉴》中《钱录》一编，图绘精妙，考据典核，足折衷百代，无以复加。"该书辑艺较高，录有许多清宫所藏的钱币佳品，图文并茂，由画院供奉梁观、丁观鹤等绘图，陈孝泳、杨瑞莲摹篆，励宗万等缮书，对钱币的尺寸、图案、重量、铭文等记载详明，成为后人编写钱谱的示范书目，是研究中国历代钱币发展史的重要著作。

48 中国最早出版的提到『银行』的书——

《智环启蒙塾课初步》

中国传统的金融机构包括钱庄、银号、票号、典当等，银行并不在其中。早在南宋时，银锭上出现过“银行”二字的戳记，这里的“银行”指的是白银铸造业的一种行会组织，而不是近现代意义上的经营存款、放款、汇兑等业务的信用机构。彭信威在《中国货币史》中记载，嘉庆二十四年（1819 年）英国人穆里逊（R. Morrison）在《汉文字典》（*Dictionary of the Chinese Language*）里面，写到了银铺、银票，而没有银行。道光二十九年（1849 年）的《英汉历》（*Anglo-Chinese Calendar*）里，记有 Oriental Bank（东方银行）一家，仅注译作“银房”，可见那时还没有使用“银行”这一名称。咸丰六年（1856 年），香港出版了《智环启蒙塾课初步》一书，最早把 Bank Note 译作银行钱票。这是我国出版的书籍中最早出现真正的“银行”一词，从此，“银”代表了货币，而不仅仅是白银，“行”是对商业机构的称谓，

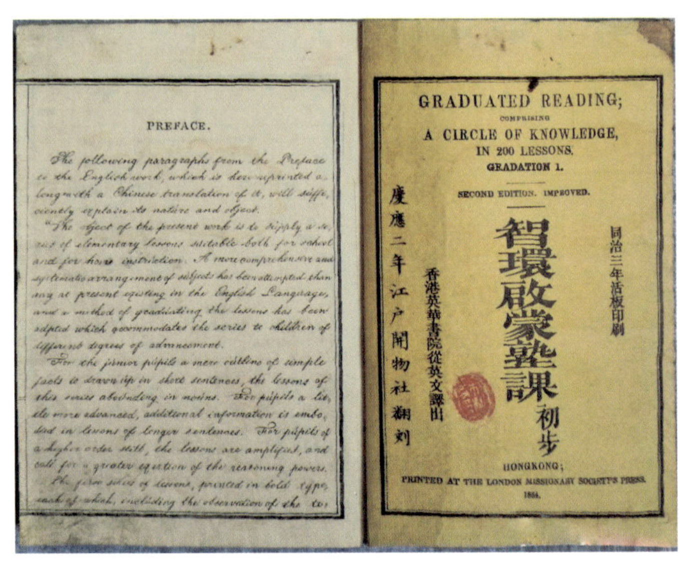

PREFACE.

The following paragraphs from the Preface to the English work, which is here reprinted along with a Chinese translation of it, will sufficiently explain its nature and object.

"The object of the present work is to supply a series of elementary lessons suitable both for school and for home instruction. A more comprehensive and systematic arrangement of subjects has been attempted than any at present existing in the English Language, and a method of graduating the lessons has been adopted which accommodates the series to children of different degrees of advancement.

For the junior pupils a mere outline of simple facts is drawn up in short sentences, the lessons of this series abounding in nouns. For pupils a little more advanced, additional information is embodied in lessons of longer sentences. For pupils of a higher order still, the lessons are amplified, and call for a greater exertion of the reasoning powers.

The first series of lessons, printed in bold type, each of which, including the observation of the to-

GRADUATED READING;
COMPRISING
A CIRCLE OF KNOWLEDGE,
IN 200 LESSONS.
GRADATION 1.
SECOND EDITION. IMPROVED.

同治三年活板印刷

智環啓蒙塾課初步

香港英華書院從英文譯出

慶應二年江户開物社翻刻

HONGKONG;
PRINTED AT THE LONDON MISSIONARY SOCIETY'S PRESS.
1864.

《智环启蒙塾课初步》

而不是指同业组织，“银行”成为金融机构的一个专用名词。

《智环启蒙塾课初步》是侨居香港的伦敦布道会传教士理雅各（James Legge，1815—1897）为英华神学院（原名英华书院）编译的教科书，书中系统地介绍了西方文明，包括经济、文化、科学、地理、自然等方方面面。理雅各是近代英国著名汉学家，曾任香港英华书院校长。19 世纪中后期，新教传教士纷纷兴办学校来推行宗教，因中西知识体系的差异，新式学校面临教科书匮乏的困境。为解决这一问题，1895 年之前，新教传教士充当了教科书编写者的角色。1859 年，香港官学把《智环启蒙塾课初步》作为标准教材，1862 年、1864 年分别在广州、香港重版，1867 年传入日本。1856 年在香港维持了 13 年的英华神学院因人手不足及经费问题而停办，之后，理雅各在香港的公理宗用英语、汉语布道，闲暇时间翻译中国经书。他是第一个系统研究、翻译中国古代经典的人，从 1861 年到 1886 年的 25 年间，他将“四书”“五经”等中国主要典籍全部译出，共计 28 卷。

咸丰九年（1859 年），太平天国的干王洪仁玕所著的《资政新篇》中列出了“兴银行”的主张。洪仁玕曾受雇于伦敦会，担任过理雅各的助理。当时，“银行”一词在香港已通行，同治五年（1866 年）香港出版的《英华字典》中的“Bank”一词下，第一个译语就是银行，其次才是银铺、银号、钱铺等。

人与书——中国最早提出办银行设想的

49

洪仁玕与《资政新篇》

1859 年，太平天国干王洪仁玕在《资政新篇》中提出“兴银行”，主张开设银行，发行纸币。这是在清末外国人垄断中国金融的背景下，中国人意图自设银行以图自强、利民的第一次呼声。洪仁玕（1822—1864），字益谦，号吉甫，广东花县人。洪仁玕是洪秀全的族弟，拜上帝会最早的信徒之一。金田起义后，他逃亡香港，接触到西方传教士，眼界大开，学习了西方的科学、文化，了解了西方各国的政治经济制度。1858 年，洪仁玕投奔太平天国，被洪秀全封为“干王”“精忠军师”，总理太平天国朝政。1859 年，撰写《资政新篇》，向洪秀全展示了改革内政、建设国家的革新方案。在《资政新篇》中，洪仁玕提出了把中国建设成西方式近代国家的种种设想。这部书分用人察失类、风风类、法法类、刑刑类四编，主张“法西洋之善法”，不仅应学习引进西方先进的武器、设备，还应系统学习其法规、制度，“变风气法度”，与“西

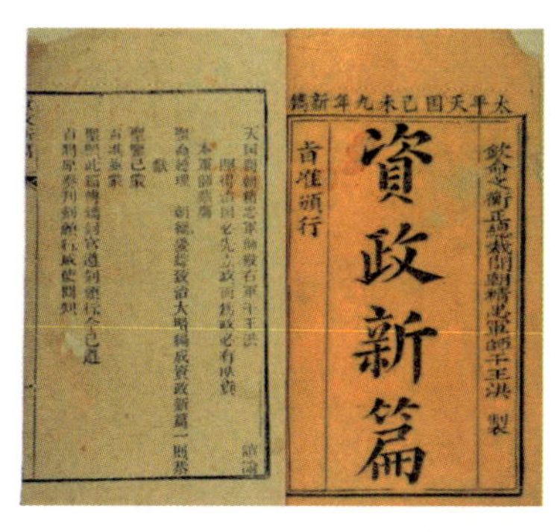
太平天国己未九年新镌
旨准頒行
資政新篇
欽命文衡正總裁開朝精忠軍師干王洪 製

《资政新篇》

人并雄”。其中一项就是要“兴银行”，银行发行纸币，“倘有百万家财者，先将家赀契式禀报入库，然后准颁一百五十万银纸，刻以精细花草，盖以国印图章，或银货相易，或纸银相易，皆准每两取息三厘”，“此举大利于商贾士民，出入便于携带，身有万金而人不觉，沉于江河则损于一己而益于银行，财宝仍在也。即遇贼劫，亦难骤然拿去也”。还主张银行民办，“或三四富民共请立，或一人请立，均无不可”。虽然他当时对银行作用的认识还很肤浅，但他创立银行的思想具有鲜明的资本主义色彩，具有积极的进步意义。因太平天国长期处于战乱中，这个提议未能实施。洪仁玕提出的许多主张都具有进步性，如废除避讳、精兵简政、反对保荐官员等，这是他受西方文化影响产生的政见，但他又受到自身落后性、封建性的局限，所作所为与这些主张相矛盾，比如他亲自推举了上百名官员，还颁布了《钦定敬避字样》用来避讳。此后，有识之士、朝廷官员先后提出了开设银行的打算，允许商人、民间资本入股，发行纸币，支持实业。呼声虽高，但是遭到保守派的反对，直到 1897 年，在铁路事务大臣盛宣怀的提议下，中国才有了第一家自己的银行。

50

中国第一个会计师和最早的会计师制度——

谢霖与《会计师暂行章程》

谢霖（1885—1969），字霖甫，江苏常州人（东晋谢氏世家后代）。他是我国会计师制度的创始人、我国第一位注册会计师、第一个会计师事务所的创办者，也是杰出的会计改革实干家和会计教育家。青年时谢霖取得了日本明治大学商学士学位，回国后受到清政府的重用，先后被派任大清银行总司账、交通银行总会计、四川总督署文案委员、四川劝业道商务科长等职。谢霖非常重视教育，在任商务科长时即举办商务传习所，自任所长讲授复式会计，为中国培养了第一批新式会计人才。谢霖在研究和实践中，将收支单式记账改为借贷复式记账，编著了《实用银行簿记》一书，并为小商店设计了《改良中式账》，使小商店在结账、纳税时具有规范的数据。他在中国银行和交通银行改革会计一举成功，震动了经济界，全国工商企业争相效法。

20 世纪初，正处于外国资本主义和民族工商业争相扩

谢霖

张势力的时期。公司商行的组建、资本的筹集、会计制度和内部管理制度的设计以及中外厂商经济纠纷的解决，都迫切需要公共会计师的服务，而当时中国却没有这种学有专长，以业主身份自行开业，独立公正地为社会公众担任审计查账、会计咨询的公共会计师，在诉讼、仲裁时只能聘用外国会计师出庭，往往导致我国厂商处于劣势、败诉吃亏。

面对这种状况，为了维护中国主权和民族利益，谢霖提出了改革会计制度的方案。1918 年 6 月，谢霖上书农商、财政两部，建议设立“中国会计师制度”。农商部是当时北洋政府主管全国工、农商业经济的部门，认为谢霖的申请“有利商民”，便很快同意，并委托谢霖起草了《会计师暂行章程》10 条。该《章程》规定：凡中国人民年满 30 以上、大学经济学科毕业主修会计的，或曾在资本 50 万元的银行或公司任主要会计人员 5 年以上的，经农商部批准，即给予会计师证书，准其开业，办理会计的组织、查核、整理、证明、鉴定、和解等事务。《章程》于同年 9 月 7 日公布试行。同时，农商部向谢霖颁发了第一号会计师证书，谢霖凭借全面的会计理论知识和丰富的实践经验成为中国第一个会计师。

《实用银行簿记》

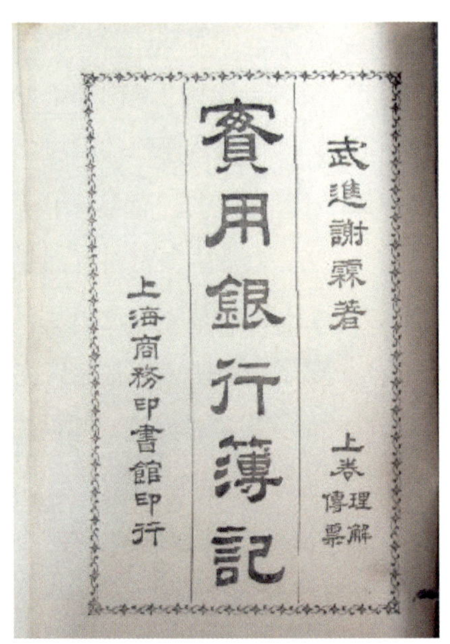
武進謝霖著

上卷 理解傳票

實用銀行簿記

上海商務印書館印行

同年，受蔡元培先生之聘，谢霖去北京大学讲授新会计，后又任教于上海商学院、光华大学、复旦大学、重庆大学商学院、铭贤学院等。谢霖是当之无愧的中国会计改革的先驱与中国会计师制度的拓荒者，为中国会计科学发展和会计工作实践作出了巨大贡献。

中国现存最早的货币法

51

《金布律》

战国后期，秦王曾颁布管理货币流通的律令《金布律》，其实物资料见于 1975 年湖北省云梦县睡虎地秦墓中出土的秦简。其中记载法律制度的竹简共 850 枚，包括仓、田、徭、捕盗律等 40 种律文，有 15 条为《金布律》，每条末尾都有“金布”二字。和货币制度相关的律文包括如下内容：

> 官府受钱者，千钱一畚，以丞、令印印。不盈千者，亦封印之。钱善不善，杂实之。出钱，献封丞、令，乃发用之。

这段文字意为官府对收入的钱币进行封缄，以一千枚钱币为一组装在畚中（一种用竹或蒲草编制而成的容器），无论钱的质量如何，都混装在一起。出钱时，要把封印呈献给主管丞、令验视，然后启封使用。百姓在交易时使用钱币，

睡虎地秦墓竹简

质量好坏一起通用，不准选择。这是官府对钱币储存保管的规定，在同批出土的《关市律》中有所印证：

为作务及官府市，受钱必辄入其钱缿中，令市者见其入。

百姓市用钱，美恶杂之，勿敢异。金布。

贾市居列者及官府之吏，毋敢择行钱、布；择行钱、布者，列伍长弗告，吏循之不谨，皆有罪。金布。

这里提到百姓在市场上使用货币，不能挑选钱币的好与坏；商贾和官吏，也不能挑选用钱还是用布，因为这么做属于违法行为。如果有这种情况出现，而列伍长不告发，官吏检查不严格，就要对他们都追究责任。这是因为战国时各国所铸的劣质钱币常为民间所拒用，所以政府强制不准“择钱”，以维护市场交易的正常开展。“有责有罚”是秦国国家经济管理中的一贯原则，其严密与严厉程度是并称的。

钱十一当一布，其出入钱以当金、布，以律。金布。

这条规定了钱与布、金的相互关系，钱与布的法定比价是 11∶1，即 11 枚半两钱可抵长 8 尺、宽 2 尺 5 寸的布，支出与收入的铜钱要按法律规定折合成黄金或布。

布袤八尺，福（幅）广二尺五寸，布恶，其广袤不如式者，不行。金布。

这条规定了布作为货币的标准，质量不好、长宽不合标准的，不得流通。有学者认为这证明了当时的布币就是布匹，而不是铲形的金属铸币，而且金、布是法币中的主要货币，是计价、量刑的标准单位。

除了关于金、钱、布的规定，《金布律》中还有关于发放给隶臣、府隶农服费用的规定：

禀衣者，隶臣、府隶之毋（无）妻者及城旦，冬人百一十钱，夏五十五钱；其小者，冬七十七钱，夏四十四钱。舂冬人五十五钱，夏四十四钱；其小者，冬四十四钱，夏卅三钱。金布。

这条讲的是发放衣服的标准，根据上文的兑换率，百一十、五十五、七十七等钱数对应的正是十布、五布、七布的实物。在中下阶层的百姓中，钱和布是更加通行的货币，秦简中许多数字都是十一的倍数，反映的正是钱布之间的比价关系。

以上律文涉及秦国在货币管理各个环节的规定，反映出秦国对规范市场、管理财政的高度重视。战国时秦国流通的货币种类分为黄金、铜钱和布，黄金的单位是“镒”，重量为二十两；铜钱即半两钱，“重如其文”；布须达到一定标准才能作为一般等价物流通。到了秦朝，秦始皇统一全国的货币，以黄金为上币，铜钱为下币，其他珠宝金属不作为流通货币。据《史记·平准书》记载：“虞夏之币，金为三品，或黄，或白，或赤；或钱，或布，或刀，或龟贝。及至秦，中一国之币为等，黄金以溢名，为上币；铜钱识曰半两，重如其文，为下币。而珠玉、龟贝、银锡之属为器饰宝藏，不为币。然各随时而轻重无常。”秦朝的货币由中央统一铸造，结束了战国时期各地自行铸造造成的货币单位紊乱的局面，有利于币值的稳定，便利了各地商品交换和经济交流。

《金布律》是战国晚期到汉代特有的法律篇目，出现于商鞅变法以后的秦国，是关于货币管理和官府财物管理的重要法规。《金布律》中对货币的规制、比价、流通和存储都有所规定，是我国已知最早的关于货币制度的法律条文，它不仅对货币本身进行了规范，而且对货币使用者、货币管理者提出了相应的要求，从而实现了国家对金融的管控。正是这样一例例细化的律文，使秦国的货币制度更加规范、市场更加有序，为秦朝的大一统奠定了基础。

52

中国最早完备的兑换纸币制度条例

《至元宝钞通行条划》

自北宋的“交子”开始，纸币在我国日益普及，到了元代，纸币发展到了极盛时期。元朝不仅始终使用纸币，而且形成了世界上最早的纯纸币制度。元世祖中统元年（1260年），忽必烈即大汗位，这时的纸钞流通甚是混乱，币值每况愈下。忽必烈下令于中统元年七月印发“中统元宝交钞”，以丝为本位、两为单位，丝钞二两，值银一两。同年十月，又发“中统元宝宝钞”，规定宝钞一贯，等于丝钞一两，钞两贯等于白银一两。以白银为本位，银钞互易。从此，此钞成为全国统一的、唯一合法的流通纸币，一直行用到元末，纸币的发行权完全收归朝廷，并确立了统一的纸币制度。

在纸币政策方面，为适应经济发展的需要，元政府先以行政命令的方式强制纸币的流通，又采取措施保证纸币与金银同等的货币作用，后来逐渐为广大民众所接受，最后纸币终于在元政府所辖区域广泛流通起来。但是，由于元代统治

至元通行宝钞

者征战不断，挥霍无度，财政亏空极其严重，元政府重走增加印钞量的老路，到至元十七年(1280年)已出现“物重钞轻”的现象，至元十四年(1277年)发行至元钞时，元政府已经公开承认中统钞贬值了。至元二十四年(1287年)，尚书左丞叶李拟定了《至元宝钞通行条划》(因该《条划》共十四款，故又称“叶李十四条”)，由尚书省颁行，对新发行的自五文至二贯共十一种“至元通行宝钞”的币值、印制、发行、兑换、奖惩等方面作了周密详尽的规定，基本涵盖了元代纸币制度的各项基本原则与重要规定。

叶李十四条的主要思想包括:

(1)规定宝钞是法定货币，只能由政府发行，确立了以银为本的法偿制度。这意味着统一币别、统一制币权，增强了纸币的信用，控制了纸币的发行，有利于维护元政府的统治。

(2)严格现金准备，要求有十足的“钞本”，用白银来保值，加强准备金管理，定期检查准备金库存情况。金银也需集中于政府，禁止民间买卖金银。

(3)发行不同面额宝钞十一种，适应于大宗买卖和零星支付等各种交易需要，以方便民众行用。

叶李所拟《条划》中规定了纸钞的票面单位、种类、兑换比率，规定了纸钞的发行和换易方法，规定了监督管理的部门、人员，规定了奖惩措施，设置了发行准许金，规定了严禁私易金银等措施，其内容与近代纸币制度相比，也差之不远。《条划》围绕稳定币值、保持信用这一中心，制定了一系列措施，以其成熟的纸币管理思想、独到的见解、严密的组织，成为世界上最早的、最完备的币制条例。由于元朝末期政府滥发纸币，引起币制混乱，元代纸币最终因发行过量而崩溃，但并不能以此来否定叶李所拟《条划》在当时的先进性与成熟性。《至元宝钞通行条划》在中国货币史和世界货币史上具有深远影响，作为优秀的中国古代货币文化遗产，是一座不可替代的里程碑。

53

王莽推行的宝货制

公元 8 年 12 月 1 日，王莽代汉建新，建元“始建国”。王莽称帝后，采取了一系列惠民措施，史称“王莽改制”。币制改革是诸项改革的重要组成部分，每次改币都变化繁多，样式奇妙。王莽被称作“铸钱第一高手”，他热衷于对货币进行五花八门的设计，同时试图通过变换币制来寻求出路，挽救政治统治。

王莽进行的币制改革共有四次，早在居摄时期，他就已经着手更改币制。“王莽居摄，变汉制，以周钱有子母相权，于是更造大钱，径寸二分，重十二铢，文曰‘大钱五十’。又造契刀、错刀。契刀，其环如大钱，身形如刀，长二寸，文曰‘契刀五百’。错刀，以黄金错其文，曰‘一刀直五千’。与五铢钱凡四品，并行”（《汉书·食货志》）。即在流通的“五铢”钱以外，另外增发“大钱五十”“契刀五百”“一刀直五千”三种货币。王莽即位后，币制改革更

王莽时期
部分货币

是大刀阔斧地全面展开，以新货币来宣告与刘汉王朝的不同。王莽认为，“今百姓咸言皇天革汉而立新，废刘而兴王。夫‘劉’之为字‘卯、金、刀’也，正月刚卯，金刀之利，皆不得行”（《汉书 · 传 · 王莽传》）。公元9年，王莽下令废弃与“劉”字有关的“五铢”“契刀五百”“一刀直五千”等货币，增发“小钱直一”，与前次发行的“大泉五十”同时流通。第二年，王莽认为百姓对新钱的接受与认同程度不高是因为使用不够方便，所以他第三次对币制进行调整。“更作金、银、龟、贝、钱、布之品，名曰‘宝货’。”（《汉书 · 食货志》）“宝货皆重则小用不给，皆轻则僦载烦费，轻重大小各有差品，则用便而民乐。”（《汉书·传·王莽传》）这便是王莽币制改革中最为烦琐复杂的“六品宝货制”。

宝货制把货币分成五物、六名、二十八品。五物即金、银、青铜、龟、贝五种材质，六名即黄金、银货、龟币、贝币、布、泉六种货币，二十八品包括泉货六品、黄金一品、银货二品、龟宝四品、贝货五品、布货十品。宝货制中使用了主币、辅币并行的方式，但由于币制过于繁杂，并没有方便百姓使用，反而增加了流通的难度。如各类货币比值不合理，导致货币严重贬值；币材太滥，品类太多，重新使用被历史淘汰的龟、贝，制造了不少矛盾和混乱；十余年间进行了四次币制改革，变动频繁，给社会经济生活和货物的流通带来了很大困难；每次改制后钱币大小不断缩小，价值却越来越高，实质上以虚值货币剥削了普通民众的财富。

总的来说，王莽以“托古改制”为名进行的货币改革在货币史上是空前的，运用了先进的货币记值制，促进了主辅币的形成，留下了设计精奇、制作精良的货币实物，但在客观上违背了经济规律，是对百姓财富的掠夺，其失败加速了新朝的灭亡。

中国最早发行的国家公债——54

息借商款

中国历史上曾数次发生皇帝向臣民借债的事，如汉桓帝曾向王侯公卿借钱以助军粮，约定事后偿还；宋高宗曾向民间预借秋科苗米、绸绢等来筹措军用。到了清朝，随着资本主义经济的萌芽，政府向民众借款的形式发生了转变，出现了作为债权凭证的“印票”和“股票”。光绪二十年（1894年），清政府以“息借商款”的名义首次发行了国内公债，颁布了明确的章程，开发行国内公债之先河。

甲午战争爆发前夕，为了平靖倭寇、“购船募勇”，户部提议效仿息借洋款之法“息借商款”，“思中国之大，富商巨贾岂无急公募义之人”，向富商巨贾与京城银号、票号借款以筹措军费。“息借商款”拟定的六条章程规定了发行债券的面额、偿付利息、还款方式、担保方式、奖惩措施等，尤为强调须“听民自愿”，不得侵商扰民。内容包括：二年半还本付息，以六个月为一期，定以五年还清，月息七厘。印

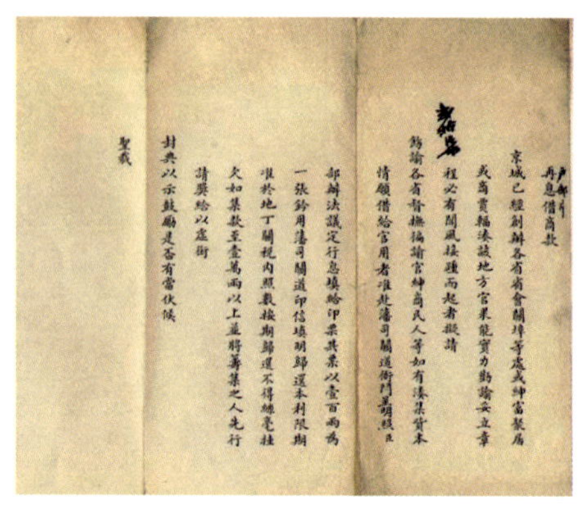

户部片
再息借商款
京城已經劄飭各省省會關埠等處或紳富聚居
或商賈輻湊該地方官果能實力勸諭妥立章
程必有聞風接踵而起者擬請
飭諭各省督撫編諭官紳商民人等如有湊集貲本
情願借給官用者准赴藩司關道衙門呈明照
部辦法議定行息填給印票其票以壹百兩為
一張鈐用藩司關道印信填明歸還本利限期
准於地丁關稅內照數按期歸還不得絲毫拄
欠如集款至壹萬兩以上並將籌集之人先行
請獎給以虛銜
封典以示鼓勵是否有當伏候
聖裁

息借商款奏折

票面额为一百两，并具小票，商铺字号、本息数目、交兑日期皆于票内注明。借款统一以库平足色纹银缴纳和归还。“集款在一万两以上者给奖”。“遴选廉明司员，认真经理，不许扰累商人。如有吏胥在外招摇，立即饬拿严究，商人如遭勒索，准其赴部递呈控告，以凭惩办”。借款的主要对象为各省官绅商民，虽然户部拟定的章程和光绪帝的上谕中屡次强调“严防弊端”“不准稍有勒索”“不强令捐输”“商民人等愿借与否，各听其便”；但是在实际发行过程中，为追求政绩、从中渔利，向商民的借款演变成了对官员的变相捐输、对民众的变相勒索。如江西对“息借商款”章程多有增改，巧立名目，加征捐税，命官吏“威吓刑驱，苛派勒索，捐借并具”，引起官民非议。“息借商款”发行了八个月，共计筹得白银约 1 200 万两。甲午战败后，清政府下令，“未收者一律饬停，毋庸再行议借”。借款所筹银两并未达到预计数目，且背离了发行目的与拟定章程，暴露出封建社会末期的种种弊端，激化了广泛的社会矛盾，加上后期偿还不力，严重损害了清政府的信用。

《大清银行则例》

大清银行是我国第一家中央银行，其前身是户部银行，成立之初是为了厘整金融，集中财权，充实国库。1905 年 11 月，铁良上任户部尚书。1906 年 9 月，户部改组为度支部，统领全国财政。1907 年 4 月，载泽接任度支部尚书。袁世凯和清王室奕劻、载振父子是政治盟友，他们希望建立新银行来分得部分财政权，以支援北洋新军，维护集团利益。铁良与袁世凯一向交恶，当然不容他分权。一计不成，奕、袁二人又转向了关系密切的邮传部，以联合各地官商、广设银行以助中央为名，设立了交通银行，邮政、轮船、铁路等存款由该行经理。同为反袁派的载泽也意识到了交通银行对中央财政集权来说是一大威胁。他上奏了一道针对“近年风气开通，官立、私立银行日多”情况的折子，奏请朝廷厘定各银行则例。此外，载泽还在奏折中提出将户部银行升级为中央银行，更名为大清银行，以显示其与清廷之间的唯一性关

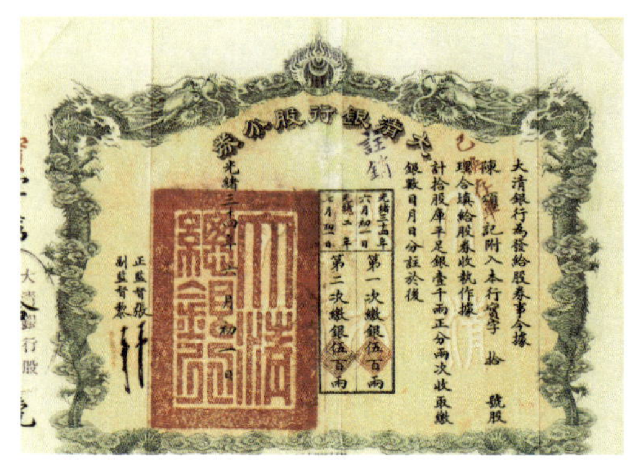

大清銀行股分券

大清銀行為發給股券事今據

理合填給股券收執作據

計拾股庫平足銀壹千兩正分兩次收取繳

銀數目月日分註於後

光緒三十四年六月初一日	第一次繳銀伍百兩
宣統二年	第二次繳銀伍百兩

光緒三十四年

正監督張

副監督

大清银行股票

系。1908年7月，户部银行总行、分行各机构一律改名为大清银行。

光绪三十四年（1908年），在载泽的主持下，度支部奏定《大清银行则例》二十四条，此则例是在1904年户部草拟的《试办银行章程》三十二条的基础上制定的。则例规定大清银行有代国家发行纸币的权力，但须呈报度支部批准；大清银行经理国库事务及公家一切款项，但得由度支部配定；大清银行有代国家发行新币的责任，应随时体察市面情形，向度支部请领新币，经度支部核准后，知照造币厂以资流通。还规定，凡是经营票据贴现、短期拆放、存款、放款、买卖生金银、兑换货币、代收票据、发行票据等业务的都称之为银行，即票号、钱庄等传统金融机构也须遵照该则例而行。

《大清银行则例》是我国第一部银行法，对官立、私立银行及其他金融机构作出了一些规定，从而进一步巩固了大清银行的国家银行性质，将大清银行的掌管权收归于度支部，在很大程度上加强了中央财政集权。

中国最早的银本位制条例——56

《币制则例》

早在春秋时期，我国就已经开始使用银币，到了明代嘉靖年间，白银的货币化基本完成。不过，我国长期采用的是以金属重量计值的称量货币制度，并不是银两或银币本位制度，也没有主币、辅币之分。白银成为本位货币的物质前提是国内市场的白银存量足够满足流通之需，明清以降，白银占据了货币流通领域的主导地位。宣统二年（1910 年）四月，经清政府币制调查局研究，度支部奏《厘定币制酌拟则例》及《筹拟旧币处理办法》等折，清政府认为切实可行，于四月十六日颁布了一道谕令："中国国币单位，著即定名为元，暂就银为本位，以一元为主币，重库平七钱二分；另以五角、二角五分、一角三种银币及五分镍币，二分、一分、五厘、一厘四铜币为辅币……"

这道谕令下达后不久，清政府颁定《币制则例》，正式确立了银本位制。《币制则例》规范了繁杂的货币体系，确定了各面值国币的重量与成色，制定了货币兑换的基准。则例规定：

大清银币

国币单位为元，重量为库平七钱二分，成色是 90%，名为大清银币；主、辅币并用；地方所有生银及从前铸造各项银铜元，准其暂照市价行用，由造币厂和大清银行逐渐收换，并酌定期限停止行用；自则例颁布之日起，各省停铸各种银元，铸币权统归中央，专归天津造币总厂铸造。此后，造币总厂根据则例规定开始铸造一元、五角、二角五分、一角四种银币。宣统三年（1911 年）铸行的大清银币流通最广，民国初年，仍沿用大清银币，直至民国三年（1914 年）袁世凯像银币铸行为止。

辛亥革命后，于 1914 年公布《国币条例》，规定重量七钱二分、成色 89% 的银元为我国的货币单位，“袁大头”银元就是按照这个标准铸造的。1933 年 3 月 8 日，国民政府公布《银本位币铸造条例》规定，银本位币定名为“元”，总重 26.6 971 克，银八八、铜一二，即含纯银 23．493 448 克。银本位币每元重量及成色，与法定重量、成色相比之下公差不得超过 0.3%，并规定一切公私交易用银本位币授受，其用数每次均无限制。同年 4 月，国民政府实行“废两改元”，发行全国统一的银币——“孙中山头像”银元。1935 年，国民政府实行“法币政策”，发行不兑现纸币，宣布废止银本位。

中国最早的证券交易法规

57

北洋政府《证券交易所法》

证券交易所法是关于证券交易所的设立、组织、经营的相关法律法规。我国第一部证券交易所法诞生于北洋政府时期。19 世纪末，伴随民族工业的快速发展，我国的股票市场也有所发展，但是缺乏统一管理和组织，只有借松散的“茶会”形式进行交易。为了规范社会上证券交易的混乱状况，很多人提议创办中国自己的证券交易所，而且，北洋政府为了大量发行公债，需依靠证券交易所来加以推销贩售。于是，在著名实业家、时任北洋政府农商总长张謇的力主下，农商部拟定了《证券交易所法》，1914 年 12 月 29 日由农商部颁布实施。《证券交易所法》共三十五条，以日本明治二十六年《改正取引所法》为蓝本，是中国第一部关于证券交易的法规，也是中国近代证券专门立法的嚆矢。

《证券交易所法》含总则、组织及设立、经纪人、职员、交易、监督、罚则、附则八个章节，其主要内容有：规定证券交易所的性质，“凡为便利买卖、平准市价而设立之国债票、股份票、公司债票及其他有价证券交易之市场，称为证券交易所”；规定证券交易所的设立须经农商部批准，设于商务繁盛之地，一地只能有一家证券交易所，以便于监督、防止投机；规定证券交易所的组织形式应为股份有限公司；规定交易的种类分为现货交易和期货交易两种；规定经纪人的资格、权利、责任等，经纪人需为中国国籍人士，25 岁以上，具有经营证券业务的经验，具有农商部审核批准的营业执照，且证券交易所职员不得从事和参与证券交易；规定证券交易所的责任和权利；规定违法的处分方法等。

次年，又颁布了《证券交易所法施行细则》和《证券交易所课税条例》等法律法规，对具体实施《证券交易所法》作了更为详细的规定。这些法律法规填补了证券交易市场统一立法的空缺，推动了证券交易所的建立及规范发展。《证券交易所法》颁布后，北京、上海、天津、宁波等地相继成立了证券交易所，这些证券交易所大都参照《证券交易所法》制定了交易所章程和营业细则，如《上海华商证券交易所业务规则》，该《规则》共十四章、八十二条，内容涉及开市闭市、休假日、经纪人及代理人、经纪人公会、交易保证金、公定市价、经手费、违约处分及赔偿责任等

《交易所法》

方方面面的问题。在“信交风潮”发生后，北洋政府加强了对证券交易的监管力度，于1921年颁布《物品交易所条例》四十八条及实施细则、附属规则；1929年，国民党政府颁布了《交易所法》五十八条，证券交易法逐步完善，证券交易市场也逐渐规范起来。

58

北洋政府《会计法》

1914 年，北洋政府财计部门组织了一次政府会计改革活动，借鉴西方借贷记账等会计方法，对中式会计方法体系进行改革。在这场改革中，北洋政府制定颁布了《会计法》，这是我国历史上第一部专业的会计法。原来草拟的名称为《会计条例》，后来经过参政院讨论决议，改称《会计法》。《会计法》分九章，共三十七条，内容包括预算、收支、决算、期满免除、工程及买卖贷借、出纳官吏、特别会计等方面。根据法条对适用对象范围的界定，这部法律属于政府会计的范畴。因此这一时期的会计法律制度，调整的便是国家的各级政府之间的会计法律关系。

《会计法》中较为重要的会计年度、预算、收支及决算部分内容主要包括：

会计年度部分主要规定：从每年 7 月 1 日开始至次年 6 月 30 日止，为一个会计年度。会计年度终了后六个月，为财政收支出纳事务的整理期限。各年度的岁出定额，原则上不得在上年度提前支用，也不得移作下年度经费。

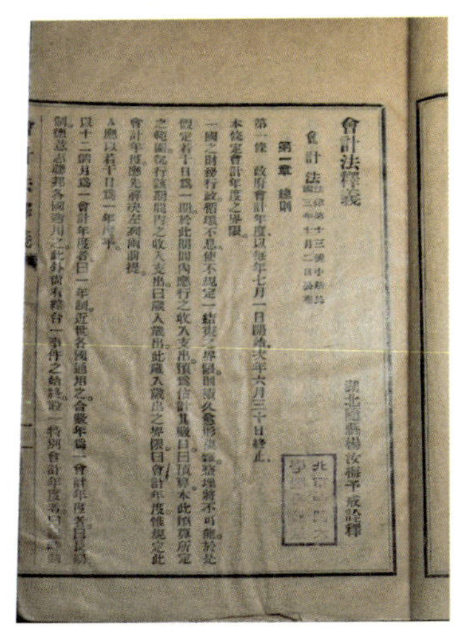
會計法釋義

會計法

第一章 總則

第一條 政府會計年度以每年七月一日開始次年六月三十日終止。

北洋政府《会计法》条文及释义

预算部分主要规定：国家的租税及其他收入为岁入，一切经费为岁出，全部岁入岁出都应编入总预算。总预算的格式分列岁入和岁出两部分，岁入和岁出又各分经常门和临时门，每门分款，款下分项。政府应于会计年度开始以前，编制总预算提交国会审议。提交总预算时附送参照书类：各机关所管岁入预计书、岁出预计书和前会计年度的岁入岁出现计书。

收支部分为《会计法》的核心，这与当时一般认为会计就是“收支的核算”这一概念有关。这部分条文几乎占全部条文的三分之二，主要规定：国家财政收支应分清年度界限，收入应有法令根据，支出应按照预算规定的用途使用；一切岁入都缴纳国库，一切岁出统由国库支付，不得于未交国库前先行使用，但法令另有规定的，不在此限。岁入岁出如果有节余，作为下年度岁入。当年经费除法令另有规定的（例如工程因故延期的未付工程款）以外，不得延至下年度使用。预算定额支用时，由财政部或依法委托其他机关签发支付饬书，国库对于违法的支付饬书，不得付款。

决算部分主要规定：总决算的格式同总预算一样，先分为岁入岁出两部分，再按门、款、项依次排列。但岁入部分应列岁入预算额、查定岁入额、已收讫岁入额、岁入亏短额、未收讫岁入额等栏；岁出部分应列岁出预算额、预算决定后增加岁出额、支付饬书已发之岁出额、转入次年度岁出额、岁出剩余额等栏。财政部应于会计年度结束后十个月内，编制总决算，连同参考书类，送审计院审查。审计院将每会计年度的审查结果写成审计报告送大总统。大总统将总决算提交国会审议。

《会计法》从内容上看，已经超越了会计专业的范畴，将一部会计专门法律变为包含财政法规在内的综合性法律，更多体现出北洋政府意在加强会计监督和财政管理的倾向。同时，袁世凯对《会计法》有所修正，赋予大总统更大的权力，令《会计法》带有专制的色彩。

总的来说，《会计法》是中国第一部会计专门法律，具有里程碑的意义，是会计法制化道路上作出的大胆尝试，也是中国现代会计制度的奠基石。

中国最早的票据法

59

《中华民国票据法》

我国第一部正式施行的票据法是1929年10月30日公布的《中华民国票据法》。我国传统的金融业长期使用纸质票据，但是其种类和式样都比较混乱，商事法律体系很不完善。到了清末，为了规范票据的使用，促进商品经济的发展，立法机构先后提出了多种票据法草案，如1919年由北洋政府法典编纂会主持的《票据法草案》（因是日本专家志田甲太郎起草的，又称《志田案》）、1922年由北洋政府修订法律馆草拟的《票据法草案》等，但由于种种原因，这些草案均未实施。

1929年，国民党政府立法院订立了《票据立法原则》，呈经政府会议通过。立法院商法委员会依照此原则，参考之前的几部票据法草案和资本主义国家的票据法，起草了《中华民国票据法》，共五章十二节，凡一百三十九条，1929年9月28日由立法院通过，10月30日公布实施。1929年《中华民国票据法》具有很强的前瞻性和可行性，其成功主要有如下三个原因：一是以北洋政府修订法律馆第五次草案为基础，并参照历次草案、上海银行公会的意见书、财政部金融监理局新近所拟草案，旁及英、美等国票据法，具有良好的理论基础；二是南京国民政府立法院在起草票据法的时候，聘请了工商界具有丰富经验的人员和学术专家参加立法、详加审查，避免了“内行起草，外行审稿”可能出现的失误；三是当时的民间团体，特别是上海银行公会，积极推动票据法立法，为立法活动提供了重要的舆论和智力支持。

《中华民国票据法》阐明了票据的种类和性质，对票据权利、票据行为、票据责任、票据涂销等各项基本制度进行了系统的分析。条文数目虽较民国初年各草案有所减少，但票据制度却很完备。该法严格贯彻融合中西的立法理念，在内容上与各国通行的票据法原则相同，又适应中国的国情，兼融中国传统票据习惯，采用了“三票一法”这一世界先进的立法体例，将汇票、本票与支票都订入一个法律之内。该法坚决贯彻流通主义和信用主义的立法精神，对票据权利的取得、转移、丧失和补救等有关方面作出了比较全面的规定，有力地促进了票据的流通和安全。

从民国法院审理的票据纠纷案例可以看出，《中华民国票据法》的颁行给审判工作提供了有力的法律依据，为解决

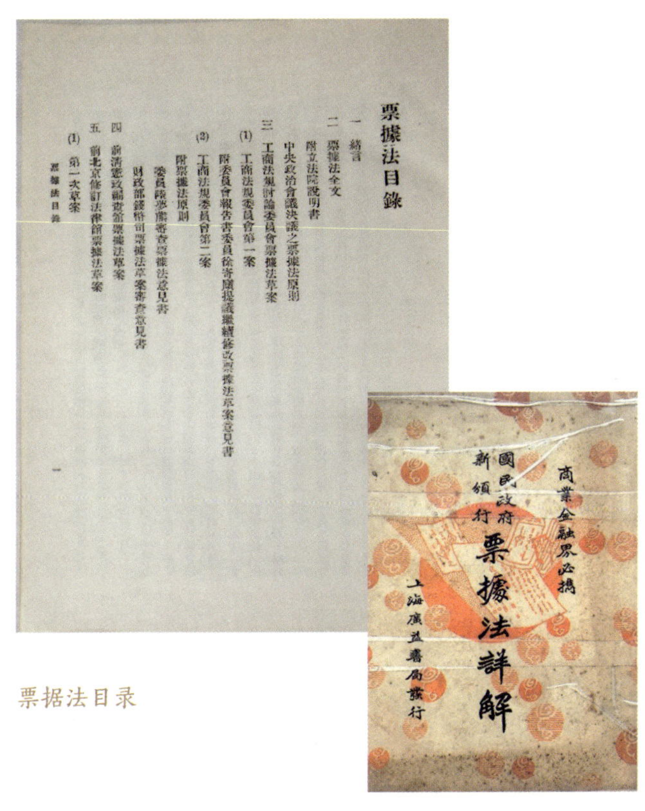

票據法目錄

一 緒言
二 票據法全文
附立法院說明書
中央政治會議決議之票據法原則
三 工商法規討論委員會票據法草案
(1) 工商法規委員會第一案
附委員會報告書委員徐寄廎提議繼續修改票據法草案意見書
(2) 工商法規委員會第二案
附票據法原則
委員陸夢熊審查票據法意見書
財政部錢幣司票據法草案審查意見書
四 前清憲政編查館票據法草案
五 前北京修訂法律館票據法草案
(1) 第一次草案

票據法目錄

一

票据法目录

票据法详解

票据纠纷、维护票据权利人的合法利益作出了贡献。同时，南京国民政府根据逐步建立起来的票据法律制度，推行了一系列经济改革措施，促进了我国近代工商业、金融业的发展。

中国最早的金融专业刊物

《银行周报》

《银行周报》是近代中国最早创刊的金融专业刊物，并以其发行时间之长、发行期数之多，成为民国时期国内金融刊物之最。诞生于1917年5月的《银行周报》，正是上海银行公会创办过程中的重要产物。《银行周报》创办之初，由时任中国银行上海分行行长的张嘉璈主持编辑发行。1918年7月上海银行公会正式成立后，《银行周报》迁入香港路上海银行公会，编辑发行部附属于银行公会，经费由上海银行公会按月酌情资助，主要负责人也由上海银行公会聘任，此刊成为上海银行公会的机关杂志。

《银行周报》在创刊时宣告其办刊宗旨为："报告金融消息，研究经济事情，俾供银行业者之参考。"其栏目设置和内容编写都围绕着这一宗旨。在"报告金融消息"方面，《银行周报》设置的栏目有：《每周金融》《每周汇兑》《每周证券》《每周商情》。在"研究经济事情"方面，《银行

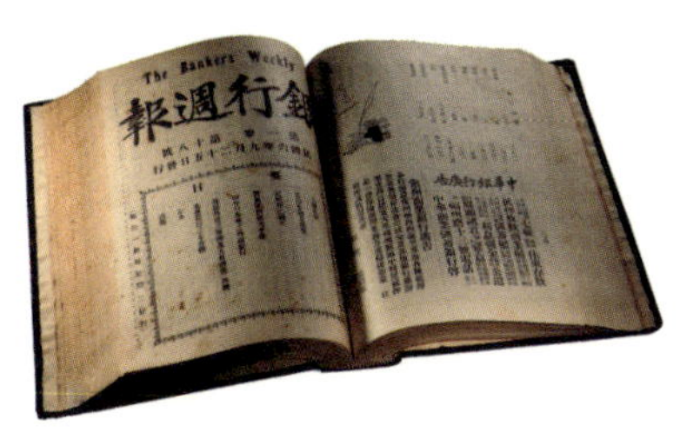

《银行周报》

周报》每期都会刊登有关宏观经济或金融的评论文章。刊物邀请许多著名金融界人士撰写颇有见地的文章，不仅涉及对欧美及日本先进金融制度的介绍、对国内金融和货币制度改革的探讨，也包括对金融行业中一些重要业务、工商经济、对外贸易乃至金融风潮等情况的评述和对策意见。《银行周报》问世后不久便受到同业和社会的青睐，发行数量明显上升。创刊之初，每月销量不到1 000册，到了1936年，月销量已超20 000册。随着销量的增长，从1922年春开始，由于“该报销路日广，售报与广告收入足资支持，经济已能独立”，上海银行公会遂取消了往日的补助费，各银行以定期购买及刊登广告的形式资助发行，除此之外不再提供单独的补贴经费。除了销售收入，广告成为《银行周报》最大的资金来源。上海银行公会的会员银行都会在《银行周报》上刊登广告。

近代中国，作为上海银行业界代表刊物的《银行周报》，可谓中国资本家阶层的舆论引导者，在持续发行的三十多年里，始终致力于传播每周的经济情报和丰富的金融资讯，为上海华资银行逐步走向成熟，为上海金融界适应市场的需求开拓新的业务，乃至为全国华资金融行业的良性发展，都起到了不可忽视的推动作用。

61 中国最早推行『汇兑本位』制度的政策——法币政策

鸦片战争以后，随着外国资本主义的侵入和国内商品经济的发展，中国本来就不统一的货币制度变得更加混乱，多种不同的银两、银元、铜币和形形色色的纸币并行流通，严重阻碍了商品交换和贸易的发展，改革币制已迫在眉睫。1933 年，南京国民政府宣布“废两改元”，规定所有款项之收付及一切交易须一律改用银币，不得再用银两，从而为进一步统一币制扫除了障碍。20 世纪 30 年代，资本主义世界爆发了经济危机，美国为了转嫁危机和垄断世界金融，在世界范围内高价收购白银，我国的白银不断外流，造成国内贸易入超、通货紧缩、白银挤兑风潮、企业与银行破产等种种问题。面对银本位制度趋于崩溃的现状，为摆脱财政经济危机，谋求币值稳定，加强金融垄断与控制，南京国民政府采纳了英国财政专家李滋罗斯等人的建议，决定放弃银本位制，进行币制改革。

《法币案章则法令汇编》

1935 年 11 月 3 日，南京国民政府财政部发布《施行法币布告》，实行法币政策。其要点为：自 1935 年 11 月 4 日起，以中央、中国、交通三家银行（后增加中国农民银行）所发行之钞票为法币，所有完粮纳税及一切公私款项之收付，概以法币为限，不得行使现金；曾经财政部核准发行的银行钞票仍准照常行使，但以现行流通总额为限，不得增发，由财政部逐渐以中央银行钞票收回；设立发行准备管理委员会，管理纸币发行的准备金；有公私机关或个人持有的银币或生银等，交发行准备管理委员会或指定银行兑换法币；旧有以银币订立的契约，到期日概以法币结算收付；为稳定汇价，由中央、中国、交通三家银行无限制买卖外汇；禁止银元在市面上流通，并强制将白银收归国有。

法币政策的实施，在当时具有一定的先进性：第一，这是中国历史上第一次完全使用货币符号来代替金属货币，白银的角色从货币变为商品，摆脱了世界银价的波动对于中国货币的影响。第二，实行货币集中发行是国家管理货币进步的体现。法币政策颁布后，我国的货币发行银行由三十家集中到四家，1942 年再集中到中央银行一家，统一了主币与辅币的规格，有利于工商贸易的开展。第三，首次实行“汇兑本位”的货币制度。为稳定法币汇价，规定中央、中国、交通三家银行可以无限制买卖外汇。同时，国内禁止白银流通，白银收归国有并移存国外，作为外汇准备金。实行改革之初，法币依附于英镑，不久因美国的干预，法币又与美元挂钩。与英镑、美元等“强势货币”之间的固定比价使法币币值获得了若干年的稳定，同时也使法币成为英镑、美元的附庸，英美货币发生波动时，会直接影响到法币的稳定。法币政策是南京国民政府在国内外错综复杂的政治经济形势下实施的一项重要经济政策，纸币流通制度符合货币发展及商品经济发展的客观规律，在实行初期，对于稳定货币储备、促进经济发展以及集中全国财力支援抗战起到了积极作用。但其本身也具有局限性，法币不是一种独立的、健全的货币，而是在英美帝国主义直接操纵和支持下产生和实行的，它不可避免地被打上了深深的半殖民地性质的烙印。

中央银行法币

民国晚期通货膨胀

国民政府的经济建设在1937年被日本全面侵华战争打断，在全面抗战期间，国民经济遭到毁灭性的破坏。全面抗战前的国民政府大宗收入中，关税、盐税和商品税约占80%。当日本占领上海和其他沿海城市后，这些税收来源大量丧失，政府战时支出的约75%靠印制新纸币来弥补。1937年全面抗战前夕，法币发行总额为14亿余元，到日本投降前，法币发行总额已达5 000亿元。战火未平，中央财政完全被军费绑架，而实体经济又复苏乏力，于是国民政府采取了极其宽松的货币政策，法币急剧贬值。到1947年，法币发行量达16万亿元，到1948年第二季度，已发行法币660万亿元，三年猛增1 180倍，相当于全面抗战前夕发行总额的47万倍，物价随之上涨3 492倍。

抗日战争结束时，各地物价和黄金、外汇价格普遍猛烈下跌。然而此时，国民政府发动内战，为解决庞大的军费开

外滩中央银行门口挤兑黄金的人群（1948年12月23日）

支，变本加厉地继续滥发纸币，法币的发行膨胀速度比抗战时更快。法币发行数量的剧增和面值的不断加大，导致法币实际价值猛跌，大量印发钞票引发了中国近代史上最严重的恶性通货膨胀。民生必需品的价格逐步高涨到令人咋舌的地步，甚至有商户囤积居奇，坐等物价持续攀升。全面抗战前，一元法币可买20斤大米，到了民国晚期，一元法币连一粒

面额最大的金圆券

大米也买不到。国民政府承认，这是“狂奔性通货膨胀威胁”，法币“膨胀的恶性循环”，“物价狂涨已推翻了社会秩序和政治信心”。

面对负债累累、民怨沸腾的局面，1948 年 8 月，国民政府被迫改组内阁，宣布停用法币，进行金圆券改革，挽救财政经济危机，并下令全国物价一律冻结在 8 月 19 日水平，是为“八一九限价”。为了防止权贵和投机商人扰乱改革，蒋经国亲自到上海“打虎”。可惜不久，国民政府便自食其言，突破了“八一九”价格防线，到 11 月 1 日，行政院公开承认经济改革失败，内阁总理辞职，物价呈现报复性上涨的态势，经济极度混乱，国事终不可为。与法币比价为 1 比 300 万元的金圆券崩溃起来的速度也很惊人，三个月间就贬值了 80%，由于滥发严重，不仅纸币的交换价值无限贬值，而且也造成了货币信用的崩溃，通货膨胀现象更为惊人，物价上涨了120万倍以上。一石大米的价格要4亿多元金圆券，各种买卖经常要用大捆的钞票进行交易。官员富商纷纷购置金银、债券等硬通货以防财产缩水，而老百姓为了换回被迫兑换成金圆券的黄金而挤破了脑袋，大量城市市民因此破产。1949年3月31日，正在兰州大学任教的著名历史学家顾颉刚在日记中写道，一枚银元上午价值一万三千金圆券，下午已涨到一万七千元，一个月后竟达到官价可兑换四百万金圆券的天文数字。

金圆券政策实为一场骗取百姓金银资产的掠夺，不仅没能挽救货币贬值、物价飞涨的事态，而且还暴露出了国民政府的腐败和无能，民心、士气丧失殆尽。国民政府错误的货币改革和金融政策，与其政治、军事上的失败构成了国民党统治的全面溃败。这段滥发法币和金圆券导致的通胀狂潮告诫我们，货币稳定对于国计民生十分重要，政府信用是维护统治的基石。

方圆寻踪

货币流通篇

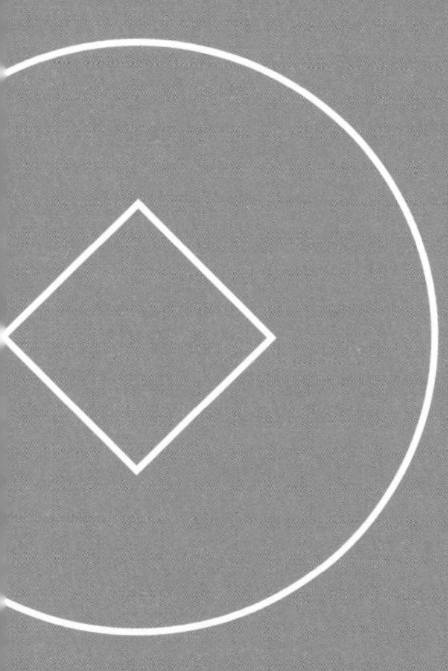

中国最早的货币

海贝

说起货币之最，我们肯定会想到这些问题：中国的货币起源于何时？它是怎么产生的？最早的货币是什么样子的？在远古时期，人类的生产力比较低下，自给自足，当有了剩余产品时，人们通过简单的物物交换来获得自己需要的物品。在交换中，一些商品为大多数人所需求，可以作为交换媒介并起着价值尺度的作用，这样的商品逐渐从商品范畴中分化出来，成为货币。正如马克思所说，货币是商品交换发展到一定阶段的产物，从商品中分离出来固定地充当一般等价物的商品就是货币。

中国最早的货币形式固定在哪种商品上呢？据考古发现，殷商时期最多的币类是海贝，许多墓葬中都有随葬的贝币。贝作为公认最早的货币，萌发于原始社会末期，盛于商代。河南偃师二里头遗址中曾出土海贝，这些海贝是通过交换、俘获或进贡的方式来到中原地区的。著名的殷墟妇好墓

商代海贝

中出土了6 800多枚海贝，这般巨大的数目，说明贝已经不是作为装饰品，而是作为财产用来随葬。这也反映了商代的丧葬观念，希望墓主人在阴间依然能过富足的生活。

海贝的形态小巧，质地如玉石，有的晶莹润泽，有的洁白光亮，是受先民普遍喜爱的装饰品。加之便于携带、保存、计量，且在中原地区并不易得到，具有较高的价值，所以在交换中获得了货币职能。用作货币的贝主要是一种齿贝，它的体积较小，呈卵圆形，背部突起，正面为狭长齿状，在生物学上的名称即为“货贝”。在商代，贝的使用更加普遍，人们多在贝上钻孔，系之以绳，以方便携带或交换。

小臣邑斝

海贝的单位是“朋”，钟鼎铭文中有许多关于“贝”与“朋”的记载，如：

小臣邑斝铭文

《小臣邑斝》：“王易（赐）小臣邑贝十朋。”

《遽伯寰尊》：“遽伯寰作宝尊彝，用贝十朋又四朋。”

《戍嗣子鼎》：“丙午，王商（赏）戍嗣子贝廿朋，才（在）阑宗。用乍父癸宝鼎。”

戍嗣子鼎的铭文意为：商王在宗庙赏赐戍嗣子海贝二十朋，戍嗣子用以做成祭祀先人父癸的铜鼎。海贝当然不是铸鼎的原材料，所以是用海贝换铜或买铜，再铸造成铜鼎。上述可证贝既是用作赏赐的财富，也可用来计算价值，购买物品，已具备价值尺度、流通手段、支付手段、贮藏手段的职能，成为商代的通用货币。汉字中与财富、价值、交易有关的字很多从“贝”，如：货、贡、贸、贾、贿、财、贪、贫、费、赔、赎、赠、赐等，表明早在文字形成时期，贝已经广泛地参与了经济生活。海贝是中国最早的货币形态，也是我国漫长货币史的滥觞。

64

铜仿贝

海贝是商代的通行货币，可是在北方及中原的内陆地区，获得这种海贝需要较高的运输成本。随着商品交换的进一步发展，天然贝币变得供不应求，人们就用其他材质来仿制贝形货币，出现了陶贝、石贝、骨贝、玉贝、铜贝等人工仿贝，其中铜仿贝的发明是中国金属铸币的萌芽。铜贝的大小、重量、价值较为统一，能够大量铸造，具有其他仿制贝无法相比的优势。

早期铜贝与海贝非常相似，面有齿，背部突起。这种铜贝在河南安阳大司空村、山西保德林遮峪村的商代墓葬中都有发现。1971 年出土于山西省保德县林遮峪村商墓中的保德铜贝，共计 109 枚，面无文字，背部磨平，上有直沟，直沟两侧铸有齿纹。这批商代铜贝距今已有三千多年历史，是迄今发现的最早的铜币，也是我国最早的金属货币。西方学者认为，最早的金属铸币出现于小亚细亚西部的吕底亚。吕

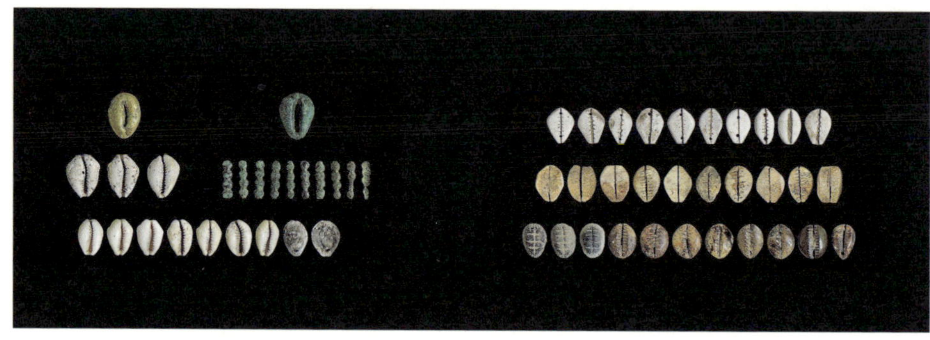

不同材质的贝币

底亚在公元前7世纪左右建国，相当于春秋中期，远迟于商代。无论是考古发掘出的文物还是文献记载都表明，我国才是最早铸造和使用金属货币的国家。

西周时期亦有青铜铭文反映铜贝的使用情况，成王时有《禽殷》："王易（赐）金石寽。"孝王时有《曶鼎》："买兹五夫用百寽。"记载的是周王赏赐金石铜币和用铜贝买奴隶的事情，反映出金属货币的日益普及，逐步取代了海贝的地位。这时的铜贝不再用"朋"作计量单位，而是以"寽"为单位。

铜贝的出现，开金属铸币之先河，是中国古代货币史上由自然货币向人工货币的一次重大演变。当我们的祖先已经广泛使用铜贝时，世界上其他国家尚未出现金属铸币，铜贝可谓我国古代文明走在世界前列的一项重要实物例证。

65

"齐建邦长法化"六字刀

早在商朝，我国就出现了金属货币的雏形，但在数量、流通范围和应用程度上比较有限。到了春秋战国时期，金属货币逐渐取代实物货币，被广泛地铸造和使用，开始居于主要货币的地位。金属货币多由生产工具演变而成，在造型上留有实用工具的痕迹，如刀币和布币，分别是模仿工具刀和铲状的农具镈。战国时期，齐国刀币最享盛誉，齐刀上多有面文，如"节墨之法化""安阳之法化"，反映了其铸造产地和流通区域。

"齐建邦长法化"，俗称"六字刀"。"建邦"意为创建邦国，说明这种刀币是齐开国时发行的纪念币。"法化"表示这是标准的法定货币。齐国开国是在西周初期，姜太公受封于齐地，建都于营丘；战国初期，田氏夺权成为齐侯，田齐取代姜齐，被看作齐国第二次建国；另有复国一事，战国后期，齐将田单击退燕兵，收复齐国，恭迎齐襄王返都临淄。六字

六字刀

刀究竟是纪念田齐建国还是齐襄王复国，学界仍有争论，但纵观中国早期货币，带有纪念性面文的流通货币仅此一例，所以六字刀当之无愧是我国最早的纪念币。

目前所见六字刀均为石范所铸，青铜质地，刀身厚重，工艺精良，文字细挺，通长约 18 厘米，重 45 克左右，大小、轻重之制一如同期“齐之法化”,唯一不同之处是背部不断缘。背面多有文字，如“化、日、吉、工”等，少数为光背。六字刀传世稀少，具有很高的历史价值和艺术价值。“齐建邦长法化”的出现是齐国货币制度发达的表现，反映了铸币工艺的进步，丰富了我国的货币文化。

中国最早的黄金铸币

郢爰

我国在商周时期就开始使用黄金，春秋战国时，黄金逐渐成为商品交易的媒介物，大多用于上层社会的祭祀、朝贡、礼聘、赏赐、清偿债务及贮藏。黄金成为铸币应以战国时期楚国的郢爰金版为最早。

楚金币主要有两种形制，金版为正方形或长方形，多标有地名印记；金饼是扁圆体，多无印记，有实心和空心两种，以前者为多见。金版的形状像巧克力，印记文字多见“郢爰”“陈爰”“鬲爰”“卢金”等，其中以“郢爰”为最多，故称“郢爰金版”。“郢”为楚都城名，始建于公元前 689 年，位于湖北省荆州市荆州区纪南城，后几经迁移，公元前 278 年秦将白起破郢，楚王迁至陈城，即今淮安，至公元前 241 年考烈王又在寿春（今寿县）建都，仍名为郢。“爰”是重量单位，一爰即楚制一斤，约 250 克。从出土实物来看，整版的“郢爰”每件约重 250 至 260 克，正面都刻有排列整齐

战国楚郢爰

的“郢爰”印记，印记多少不等。这些印记又像印章一样，故也称“印子金”。郢爰属于称量货币，使用时根据需要将金版或金饼切割成小块，通过特定的等臂天平称量后再行交换。一般出土的楚金币都是切割过的零星碎块，大小、轻重相差悬殊。

战国时期常见的流通货币主要是铜质、银质的刀币、布币、圜钱等，唯有楚国多用金币，且将黄金铸成特定的货币形态，这是由于楚地拥有丰富的黄金资源。楚金币选用高品质的天然金块熔铸而成，当时金币、金版的含金量都能达到90% 以上，质量上佳的可达 99%。楚金币分布范围广阔、出土数量惊人，在安徽、江苏、河南、陕西、山东、湖北及浙江 7 个省 54 个县市都出土过各类楚金币，总计近千块。大量楚金币的发现，为研究楚国黄金称量货币的浇铸技术、流通范围、使用方法等提供了丰富的实物资料。

银空首布

白银作为一种贵金属，具有较高的价值，又有便于携带、切割、保存和按需重新熔炼、重新制作的特点，因此，历史上曾被世界许多国家和地区选为铸造货币的材料。中国很早就开始使用银质货币，《史记 · 平准书》中记有:“虞夏之币，金为三品，或黄，或白，或赤。”实物证据的出土更是有力地证实了银币的滥觞。

1974年8月，河南省扶沟县古城公社古北大队社员在挖石灰池时意外发现了两件锈结在一起的铜器，下面一件是铜壶，内藏金币392块，重8 182.3克；上面一件是带盖铜鼎，内藏银布币18件，其中实首银布币17件，空首银布币1件，总重3 072.9克。银币皆为铲形，銎作圆柱状，可分为长、中、短三型，长型布币中最大者长15.7厘米，宽5.8厘米，重188.1克，币身窄长，銎首短粗；短型布币中一件为空首布，长10.5厘米，宽6厘米，重134.1克，平肩，布首有气孔。

银空首布

从银布币的演变规律来看，越早期的布币，形状越接近于生产工具，空首布早于实首布，布身逐渐变长，布首逐渐变短。从造型特点、制作工艺来看，这批银布币的铸造时间大约在春秋中晚期，是我国最早的银质货币。

扶沟县古城村在战国时属楚，出土的银布币当为楚国所铸。楚国的货币在形制、材料、币值、币文各方面都与中原诸国不同，形成一套独特的楚币系统。《史记》载，楚有“三钱之府”之名，因为楚国是唯一同时使用金、银、铜三种质地金属铸币的国家。金有金版、金饼，银有布币、银版、银饼，铜有蚁鼻钱，这些独特的币种都是楚文化在经济领域最与众不同的表现。扶沟县出土的银布币是我们现今所知的最早的银币实物，可以证实我国早在先秦时代就已开始铸造和使用银币，从而将我国使用银币的历史提前了几百年。

中国最早的统一流通货币

秦半两

战国时期各国割据，关卡林立，币制十分混乱，给各国的经济交往带来许多不便，客观上形成了要求统一币制的趋势。秦国当时就已铸行半两钱，《史记 · 秦始皇本纪》记载，“惠文王生十九年而立，立二年，初行（半两）钱”。秦始皇于公元前221年统一六国后，进行了一系列政治经济改革，统一货币就是其中重要的一项，“以秦法同天下之法，以秦币同天下之币”。这项法令规定了秦朝的货币制度：以黄金为上币，单位是“镒”；以铜钱为下币，单位是“半两”；珠玉、龟贝、银锡都作器饰宝藏用，不再用作货币。而黄金主要用于赏赐、供奉和大额支付，半两钱是主要的日常流通货币，所以秦半两成为中国货币史上最早的全国范围内的统一流通货币。此举废除了六国旧币，也停用了各国参差不一的计量单位，统一使用秦的铢两制，24铢为一两，12铢即为半两。从出土货币的钱文来看，“半两”二字为秦丞相李

秦半两

斯所书小篆，具体的钱文写法屡经变化，能看出是来自不同的范母，反映出秦代货币的标准化程度不高。从形制上看，秦半两皆为铜质圆形方孔钱，无内外廓，背平素，钱文凸起。钱币的厚薄、大小也不甚规整。这种圆形方孔钱，便于穿系、携带，在使用中可以减少磨损，其寓意符合古人“天圆地方”的宇宙观，迎合了秦始皇“天覆地载，万宇一统”的统治心态。在我国文学作品中称钱为“孔方兄”，概由此而得名。

秦半两及其钱范的出土地域广泛，现存的数量较多，并不是市场价值较高的币种。但是从中国货币发展史的角度看，秦半两的发行结束了贝、布、刀币长期混用的割裂局面，标志着中国古代铸币的形制第一次得到统一。秦始皇确立的铢两制，为汉代五铢钱奠定了基础，钱文以衡制数词和量词组合方式定名的模式沿用至隋。方孔圆钱也成为铸币的定型，沿用了两千余年，其影响之深远不言而喻，秦半两的通行具有划时代的意义。

中国最早的压岁钱

西汉压胜钱

我国最早的压岁钱出现于西汉，那时叫作“压胜钱”“厌胜钱”或“大压胜钱”。这种钱不是市面上流通的货币，而是为了佩戴、玩赏而专铸成钱币形状的辟邪品。汉代的压胜钱形制与流通货币相似，魏晋以后，钱文、文字、图案、重量都更加灵活，逐渐成为独立的币种。压胜钱正面一般铸有吉祥语，如“长宜子孙”“千秋万岁”“去殃除凶”“百毒不侵”等字；背面则铸有各种民间瑞兽祥鸟的图案，如龙凤、龟蛇、双鱼、星斗等，寓意镇恶驱邪。

从文字上不难看出，压胜钱主要是表达对富贵、安宁、长寿、宜子孙的美好祝愿。钱币上有带钩、北斗七星、华胜、双鱼等纹样，寄托的同样是避凶趋吉的心愿。汉代这些精美的压胜钱，多出土于贵族的墓葬中。到了唐代，宫廷里在立春日散钱之风盛行。《资治通鉴》中记载杨贵妃生子，“上自往视之，喜，赐贵妃洗儿金银钱”。洗儿钱除了表示贺喜、

汉代压胜钱

汉代“辟兵莫当”
“除凶去殃”
压胜钱

汉代“常乐未央，君宜子孙”压胜钱

赏赐之外，也是长辈给新生儿的避邪压祟的护身符。在宋代，正月初一取代立春日成为春节，春日散钱的风俗普及民间。到了明清，“压岁钱”有了定名，清富察敦崇《燕京岁时记》中这样写道：“以彩绳穿钱，编作龙形，置于床脚，谓之压岁钱。尊长之赐小儿者，亦谓之压岁钱。”压岁钱是用红绳串起来发给孩子，故也称“串钱”。民国以后，压岁钱辟邪、装饰的功能逐渐消失了，而代之以真正的货币，变成了大年三十“压岁”时，长辈发给晚辈的“红包”了。

西汉三铢

说到带“铢”字的钱币，大家最熟悉的肯定是五铢钱了。其实在五铢之前，汉代曾发行八铢钱和四铢钱，前者为吕后二年（公元前186年）改铸，面文仍为“半两”，因八铢钱不断减重，钱币的实际重量与面文不相符合，引起了通货膨胀，汉文帝更铸四铢半两。四铢钱也不是足值货币，到了汉武帝时，改行三铢钱。《史记·平准书》载:“令县官销半两钱，更铸三铢钱，文如其重。”三铢钱面文“三铢”，这是自秦半两以来第一次改变钱文。“三铢”二字为篆书体，三横同长，“铢”字金首从王，朱部上下方折，背面平素无廓，钱文凸起。

三铢钱的发行是为了缓解因战争开支巨大造成的财政匮乏，因地方私铸泛滥，钱多且轻，并未实现预期效果。《史记》中对秦半两的评价是“重如其文”，而对三铢钱记作“文如其重”，司马迁的文字表述一向严谨，这相同的四个字仅是

西汉三铢钱
及石范

顺序不同，就反映出不同的货币制度。秦半两是以钱文为标准的价值货币，虽然半两钱大小、轻重规格不一，但在流通时都当作“半两”使用；而三铢钱是以铜为称量的当值货币，钱文反映的是货币实际重量，如果钱币减重，就相当于币值缩水。《汉书·食货志》有载：“有司言三铢钱轻，轻钱易作奸诈，乃更请郡国铸五铢钱。”元狩五年（公元前118年），汉武帝废行三铢钱，把铸钱权收归中央，通行五铢钱。

三铢钱的流通时间很短，属于半两钱向五铢钱演变中的过渡币种，但它在货币史上有着举足轻重的作用，是秦半两钱以来的第一次钱文改革，开启了以“铢”为单位记值的钱币制度，为以后行用五铢钱提供了借鉴，同时对研究汉代的政治、经济、文化等都有重要的参考价值。

中国使用时间最长的钱币

71

五铢钱

经历了四铢钱、三铢钱的贬值，元狩五年（公元前118年），汉武帝决心进行币制改革，诏令各郡国铸行五铢钱，称为元狩五铢或郡国五铢。从形制上看，五铢钱外圆内方，正面有包含“五铢”字样的篆文；从单位上看，它是铢两货币的一种，又以重量为名，因此称作“五铢钱”；从尺寸上看，直径一般在2.5厘米左右，标准重3.5克，轻重合宜，大小适中，美观实用，利于流通。从西汉到初唐，先后有十余个王朝与政权铸行过五铢钱，传世极久，版别极多。

政府改铸五铢钱，是为了抑制通货膨胀，防私铸、利流通。元鼎二年（公元前115年），汉武帝下令收回各郡国的铸币权、发行权，由中央统一铸钱，以打击私铸，减少劣币的出现。负责铸币的中央机构称为“三官”。“三官”指的是“钟官”，负责铸造钱币；“辨铜”，负责审查铜的质量成色；“技巧”，负责刻范。三官五铢就是这个时期铸造的，

汉五铢钱范

该钱制作精细，边郭均匀，重量准确，钱文清晰，是钱中楷模。这种标准的官炉钱，分量适度、形制规矩，外廓同文字高低一致，可保护钱文不受磨损。三官五铢是中国最早的标准化货币，也是货币史上质量最好的钱币之一。除了郡国五铢、三官五铢，汉代还铸有赤仄五铢、宣帝五铢等标准钱，金五铢、星月钱、合背钱、四出钱、大吉五铢等异品钱。五铢钱在汉代、魏晋南北朝、隋、初唐均有铸造，所以流传至今的五铢钱版式多样、工艺不同，从工艺形制上的不同也能看出铸造时代的差异。

上林三官五铢

五铢钱的行用开启了以铢重为单位的十进制计量方式，钱文固定为“五铢”，实际上是钱币计量单位的一次革命。五铢钱因轻重、大小适中，钱制稳定，合乎古代经济发展状况与价格水平对货币单位的要求，成为汉武帝以后七百多年间沿用不废的标准货币，直到唐代行用通宝钱才停用，在钱币界被称为“长寿钱”，在世界货币史上堪称奇迹。

一刀平五千

西汉末年，王莽摄政，于居摄二年（公元 7 年）进行了第一次货币改制，除了原有五铢钱继续使用外，新发行了大钱五十、契刀五百和一刀平五千三种货币。一刀平五千形制与先秦刀币不同，而更像现在的钥匙，由刀环和刀柄两部分组成，环文上曰“一”、下曰“刀”，柄文为“平五千”，皆为篆字。因其环文“一刀”二字用黄金嵌错而成，又称“金错刀”。所谓错金，或金错，是在铜器上用金丝或金片镶嵌成各种华丽绚烂的纹饰或文字，然后用工具在器物表面打磨平整的一种工艺。此法由来已久，最早见于商周时期的青铜器，如镂金铜鼎、雕金铜戈等，在货币上使用错金的装饰方法尚属首次。钱币可与黄金兑换，每枚值五铢钱 5 000 枚，两枚可兑黄金 500 克，是一种“以值代重”的虚价货币，事实上是对民间财富的变相掠夺。“金错刀”其名、其型在中华语境中有独特的诗意，如杜甫诗句“金错囊从罄，银壶酒易赊”，梅尧臣诗句“尔持金错刀，不入鹅眼贯”，李白诗句“一诺许他人，千金双错刀”等都显示了金错刀在古钱币中的地位。金错刀作为王莽改制的产物，见证了“王莽篡汉”这段历史，为了防止刘汉势力东山再起，王莽下令废除了含组成“劉”字的“卯”“金”“刀”部首的契刀五百、一刀平五千和五铢钱。

一刀平五千

王莽在公元 9 年自立为皇帝，国号为“新”，他频繁地进行各种改革，在位十六年间对货币进行过四次改制。名为改制——铸行高额而大幅减重的钱币，实为聚敛财富。王莽每改币制一次，大量小工商者和农民便破产一次，货币改革激化了社会矛盾，直接导致了新朝的灭亡。

王莽虽不善为政，但仍无愧于“铸钱第一高手”的称号，新莽时期钱币的艺术价值很高，其设计、铸造水平堪称中国古钱币之最。一刀平五千是我国最早也是唯一用错金工艺制成的行用钱，其制作精美、造型奇特，因发行时间短，存世量稀少，更显得弥足珍贵，被收藏界誉为“钱绝”。

中国面值最大的铜钱

73

国宝金匮直万

王莽篡汉执政的十六年间，先后进行了四次币制改革。史书载周室铸钱以“货宝于金，利于刀，流于泉，布于布，束于帛”，王莽便托古改制，借以证明自己乃周王室后裔的正统地位。第三次改革时王莽推出了宝货制，六大类货币并行，《资治通鉴·汉纪·汉纪二十九》记载道：“凡宝货五物、六名、二十八品。”二十八品中，“钱货六品，金货一品，银货二品，龟货四品，贝货五品，布货十品”。“钱货六品”即六泉（大泉五十、壮泉四十、中泉三十、幼泉二十、幺泉一十、小泉直一），“布货十品”即十布（小布一百、么布二百、幼布三百、序布四百、差布五百、中布六百、壮布七百、弟布八百、次布九百、大布黄千）。在布货中，小布重15铢，依次递增1铢，至大布则重24铢。小布与小泉的重量比是15∶1，兑换率却是1∶100。大布与小泉的重量比是24∶1，兑换率高达1∶1 000。宝货制的货币种类繁多，币值混乱，更换频繁，且大多数都是虚值大额货币，导致物价飞涨，使用极其不便，民怨沸腾，加速了新莽政权的覆灭。

国宝金匮直万

国宝金匮直万也是王莽改制的产物。该钱样式独特，上部为一方孔圆钱，篆书“国宝金匮”四字，“国宝”意为国之宝货，即通行钱币，“金”指黄金，“匮”为黄金的单位；下部为长方形，书“直万”，意为此币一枚可抵五铢钱一万枚。此币无论是从形制还是从文字上看，都与莽泉无违。第一，此钱上圆下方、外圆内方，与王莽深信的阴阳五行思想相契合；第二，其字体和写法与一刀平五千、契刀五百多有相似之处，“宝”字中部写成双王，代表王氏家族的统治地位，而其他历代钱币的“宝”字中部都写作“王缶”或“王尔”。该钱钱缘流铜参差不齐，显然出型后尚未经过打磨加工，很可能未正式流通过。关于此钱的性质，有许多不同的看法，有人说这是流通货币，只是因为折价太高没有正式进入流通领域；也有人认为该币非通行货币，一说是用来记载王莽占有黄金的数量，一说是其为开炉、镇库之用。《汉书》中提到黄金一斤值平钱一万，与国宝金匮直万的价值相同，也许直万钱就是兑换黄金的凭证。

中华人民共和国成立前，国内载此钱存世仅一枚半，半枚是《古泉汇考》中记载的收藏家刘燕庭所存上半部残品，一枚在光绪二十七年（1901 年）出土于西安未央宫地区，民国时几经转手，中华人民共和国成立后现身香港拍卖市场，由政府买下，现藏于国家博物馆。2000 年以后，陕西相继有国宝金匮直万出土的消息，但真假难辨。

国宝金匮直万铸工精良，造型别致，字体隽美，传世罕见，是中国古钱五十名珍之一，被冠以“古钱魁首”之称号。

中国最早有民族文字的钱币

74

和田马钱

自西汉的张骞、东汉的班超出使西域后，中原和西域各个少数民族之间的联系得到加强，西域的一些地方也出现了汉文制式的钱币。公元1—3世纪，丝绸之路南道重镇于阗国流通有这类货币，因钱币上有马形图案故称为马钱，在新疆和田地区发现的马钱称作“和田马钱”，学术界称为汉佉二体钱。该钱钱体厚重，有大小两种，大钱正面书汉字“重廿四铢铜钱”，小钱书“六铢钱”，皆为圆形无孔，背面有马形或骆驼形图案，四周有一圈佉卢文字。大钱和小钱按1∶4兑换，与当时中亚地区通行的德拉克马和四德拉克马的货币互兑一致，同时也能方便与流通于西域地区的汉代“五铢”钱互兑（5个六铢钱换6个五铢钱）。钱币上印制汉字，并以中原当时的重量单位“铢”为记重、记值单位，反映了古代游牧地区与中原农耕地区频繁互市往来的事实。

汉佉二体钱是目前已知新疆历史上最早的自铸货币，极

和田马钱

具地方特色。它不同于中原地区用钱范浇铸制成的圆形方孔钱，而是仿贵霜钱币采用打压法制成的圆形无孔钱，印证了于阗与中亚地区在商贸和工艺上的交流；也不同于中原流通钱币上只有文字的传统，而是在铸币上打印马或骆驼的图案。反映了马和骆驼在古代西域人民生活中的重要地位。游牧地区至今仍有以牲畜大小和多少论财富的习俗。

佉卢文是一种流行于印度西北部地区的古文字，最迟大约在2世纪中叶之前就已传入古于阗国。"佉卢"二字，是"佉卢虱吒"一词的简称，意为驴唇，与佛经中的驴唇仙人的传说有关。因此，佉卢文又名驴唇书或驴仙书，国外一般称作

各类丝绸之路货币

犍陀罗文、高附字或大夏字。和田马钱上的佉卢文共有20个字母，逆时针旋读，意为于阗王的名字及称号——众王之王，和阗之王，矩伽罗摩耶娑。

和田马钱是我国最早的有民族文字的钱币，也是新疆地区已知最早的自铸货币，它是东西方两大货币体系交融的产物，也是古代丝绸之路上物资、文化交流融合的重要物证。

中国最轻的钱

75

鹅眼钱

历朝历代的货币都有小钱，即粗制滥造的劣币，它是社会动荡、物价上涨、货币贬值的集中表现。比如西汉早期的榆荚半两（直径 12 毫米），东汉末年董卓铸的无文钱（直径 15 毫米），都属劣质小钱，往往钱身轻小，分量不足，字体模糊，无轮廓，被称为鹅眼钱或鸡目钱。南朝刘宋景和元年铸造的一种鹅眼钱，是中国历史上最轻小的钱币，同时也是世界上最轻小的方孔圆钱。

因民间私铸严重，钱越铸越小，南朝宋前废帝刘子业于永光元年（465 年）改铸两铢钱，样式上转为细小。秋八月，改元为景和。刘子业在位不到一年间，共铸过“两铢”“永光”“景和”三种小钱。朝廷铸制的官钱，每每流通起来，民间就立刻模仿铸制，而且比官钱更薄更小，没有轮廓，也不加工磨平，被称为“耒子”“荇叶”等。镇北大将军沈庆之认为“禁铸则铜转为器，开铸则器化为财”，提出开置钱

鸡目五铢

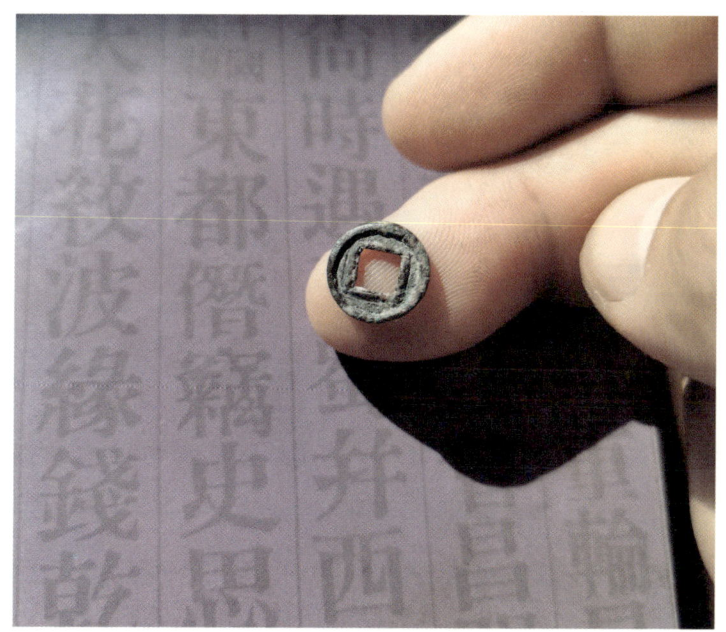

綖环钱

署，平其准式，有控制地放民铸钱。同年九月，刘子业采纳沈庆之的建议，“开百姓铸钱”之门，规定由百姓自供铜料，按照一定的标准在官方的钱署中铸造铜钱。结果此门一开，钱货乱改，民间铸钱的质量难以保证，一千钱长不满三寸，谓之鹅眼钱，劣于此者，又称綖环钱。《宋书 · 颜竣传》曰此钱“入水不沉，随手破碎，市井不复料数，十万钱不盈一掬，斗米一万，商货不行”。可见鹅眼钱不仅分量不足，而且价值也非常低廉。《资治通鉴 · 陈纪 · 陈纪二》记载道：“梁末丧乱，铁钱不行，民间私用鹅眼钱。甲子，改铸五铢钱，一当鹅眼之十。”永光钱发行了不过五个月，景和钱也只有短短三个月，存世甚少，开创了一个帝王同年改元两次铸两种年号钱的先例。与民铸钱不同，永光钱虽轻薄，但在工艺上还是比较精美的，钱文采用小篆变体薤叶篆，笔势纤细婉转，具有较高的历史价值，亦被列为古泉五十名珍之一。鹅眼钱虽小，但对于研究中国南北朝时期的社会变革、经济政策、钱币铸造等方面情况却能提供极其重要的依据，也为中国及世界货币研究提供了历史物证。

76

汉兴钱

从半两到五铢，我国的通行货币一直是“纪重钱”，而后期为年号钱所取代。那么最早的年号钱是在什么时候出现的呢？纪重钱为何会被年号钱取代呢？

立年号一事始于周代，至汉武帝时将设立年号引为定制。年号既用于纪年，又可昭示皇权正统，故为后代所承袭。汉武帝时期并未将年号用于钱币铸造上，当时的货币仍然以重量命名，如三铢钱、八铢半两钱、小五铢钱等，直至十六国时期汉兴钱的出现，才开启以年号钱为主流的新阶段。“汉兴”是十六国时期成汉昭文帝李寿的年号。公元338年，李寿在成都即位，此时东晋、后秦、南凉等诸国并立，币制十分混乱。加上战乱横生，李寿追求奢侈，导致蜀地经济衰弱，不得不减重铸行小钱，货币的重量远远达不到钱文标注的重量。统治者一方面需要铸新钱，区别于别国货币，一方面也不得不放弃以重量命名钱币的范式，汉兴钱由此应运而生。且李

汉兴钱

寿当权是篡夺之举，推行自己的年号钱有利于宣扬正统地位。

十六国时期由于政治动荡，经济不稳定，反映在货币铸造上就是“非大钱即小钱”。所谓大钱就是面值很高，实则价值不符的减重钱，如“直百五铢”“太平百钱”“大泉五百”“大泉五千”等；所谓小钱就是轻薄质劣的减重钱，如汉兴钱、剪轮五铢、沈郎钱等。汉兴钱被南朝梁人顾烜在《钱谱》中定义为“荚钱”，形容它像榆荚一样轻小。初期最重者达 1.8 克，后期不足 1 克，仅流通了六年时间。什邡市民主镇思源村出土过三枚汉兴钱，直径约 17 毫米，重约 0.7 克至 1.2 克。由于用铜不精，钱体轻薄，绝大部分汉兴钱在出土时已严重钙化，俗称“走铜”，有些残缺不全，有些已成粉末状。汉兴钱钱文分横书与直书两种，字体较模糊，均为隶书。

汉兴钱首次打破了传统货币以重量命名的旧制，开创了以年号纪年铸币的新格局，不仅中国在之后的 1 600 年间沿用了这一范式，而且邻国如高丽、日本等也纷纷效仿，铸造出“海东通宝”“和同开珎”等钱币。

会昌开元

佛教从东汉初年传入中国，经过三国、两晋、南北朝的进一步传播，到了唐代已极为兴盛。全国的寺庙数量众多，规模庞大，所造佛像也极多。寺庙对铜料的消耗很大，不仅佛造像每年要用掉数以万计的铜，寺庙中的法器、钟磬、瓶钵等也都是铜质的，这样一来，国家的铜料几乎全部成为寺庙资产，导致铸钱用的铜料极其缺乏。前文提到唐宪宗时便因“钱少”而禁钱出境，到了唐武宗时期，社会经济日益凋敝，无铜铸钱的现状难以为继。唐武宗李炎崇尚道教，推行反佛政策，会昌五年（845 年）七月，唐武宗下令，毁佛铸钱。全国的 3 万多家寺庙被迫关闭，庙内佛像、瓶钵、钟磬、用具统统砸碎，化铜铸钱。僧人、尼姑 26 万余人遣归原籍，从事生产。废寺灭佛在佛教史上称作“法难”，此事在全国引起很大震动，遭到了佛教徒的激烈反对。但是，取佛铜铸钱客观上使社会财富增加了，解决了货币匮乏的问题，有利

会昌开元，背“昌”字

于商贸的进行，因而渐渐得到大多数老百姓的拥护。不论皇室世家还是平民百姓，历来都是向寺庙捐金捐铜、捐地捐财，从无回收之举，此次毁佛铸钱，使唐武宗李炎在历史上留下了重重一笔。

以佛铜铸造的钱币仍以“开元通宝”为名，为了保证钱币的质量，防止偷工减料，唐武宗令各省在钱背加铸本省钱监简称。当时全国共23个钱监，所铸钱均在背后加铸本省钱监的简称，唯有扬州例外，因为扬州节度使李绅在唐武宗下令之前即已铸“开元通宝”，因此在钱背上加铸“昌”字表示武宗年号。各州钱炉遂仿加铸背字铭以州名，后来人们把唐武宗时期所铸开元钱均称为“会昌开元”。实际上，因取材于各地分别铸造，除少数会昌开元铸造较工整外，其余大量开元钱质量低劣，铜质杂乱，文字、铸工粗糙，制形复杂，其钱背文字种类之繁有诗为证：“扬州李绅始铸昌，洛益京荆蓝越襄。宣洪兖润鄂平福，兴广桂潭丹梓梁。”会昌开元因此成为同系列货币中单字纪地最多的方孔圆钱。诗中的“福”即为福州，“会昌开元”背“福”字钱系福州所铸，它是现今所知的福建历史上最早的铸币。会昌开元也是最早以楷书入钱的钱币，早在南北朝时，楷书就已盛行，但是钱

会昌开元

文仍以篆书为主流。会昌开元背文都以楷书纪地、纪年号，是楷书入钱的开端。质量参差不齐的会昌开元承包了货币史上多个“之最”，在收藏界也成为备受追捧的珍品。

78

玳瑁币

1987 年 4 月，山西省扶风县法门寺地宫被前来清理塔基的考古队发现，封存了千年的秘密石破天惊地显现在人们面前。在地宫第一道石门打开后，便进入 19 级台阶的甬道，地面上居然覆盖着厚厚的一层铜钱，大大小小的开元通宝、乾元重宝、五铢、新莽大泉……25 000 余枚钱币撒了一地。这俗称为“金钱铺地”，应是当年地宫封闭前，虔诚的佛教徒纷纷解囊捐献的。这些古钱币因年代久远，本身就是宝贵的文物。其中最珍贵的当属 13 枚唐代玳瑁开元通宝，与 13 层佛塔相呼应，藏于地宫后室一盏银灯盏中。

所谓“玳瑁币”，是用玳瑁（一种海龟）甲壳雕刻而成的“开元通宝”铜币，它属于纪念币，并不作为普通货币在社会上流通。玳瑁属于海龟科，背甲可以用来制作精美的装饰品，汉代的著名乐府诗《孔雀东南飞》中就有“足下蹑丝履，头上玳瑁光”的描写。玳瑁也是佛教密宗的七宝之一，

法门寺玳瑁币

《佛说陀罗尼集经》曰：“其七宝者：一金二银三珍珠四珊瑚五玳瑁六水晶七琉璃。”法门寺地宫中最核心的内容，当属佛指舍利。将宝贵的玳瑁制成钱币，供养舍利，这也是佛教传统仪式和文化的集中体现。以钱币作为佛舍利供养物的做法并非中国独有，其源头可以追溯到印度的“舍利瘗埋”。有研究者认为，伴随舍利瘗埋的钱币，并非采用其世俗货币的意义或价值，而以钱币的金、银等质地，来取代“七宝”中的金或银。玳瑁材质钱币的出现，也应当属于此类。

法门寺地宫后室的中心是放置佛指舍利的八重宝函，《衣物帐碑》记载，这个八重宝函由唐懿宗供奉，而装有玳瑁钱的香炉则紧挨着宝函最外层，关系极为密切，与甬道上常见的流通货币拉开距离，体现其不凡的地位。由于玳瑁不是金属，无法用熔铸的方式铸造，这就意味着加工方式的改变。金、银开元通宝的铸造与铜钱开元通宝的铸造在方式上并无不同，只是版式更为精良，而玳瑁开元通宝是雕刻而成，每一枚都是单独制作，独一无二的“限量版”。可想而知，每一枚的心血和价值远远高于金、银质地的“开元通宝”，是一种珍贵的、具有礼仪性和观赏性的象征性钱币。13 枚玳瑁开元通宝中，有一枚背面刻有莲花纹，更明确了其佛教供养的专属职能。

玳瑁开元通宝在史籍中从未记载，地宫内《衣物帐碑》也未见到记录。法门寺出土的 13 枚玳瑁币是考古界的重大发现，是我国从未见过的货币品类，亦是目前世界上发现最早的、绝无仅有的玳瑁币。

得壹元宝

元宝是我们熟悉的一种古代钱币，顾名思义，可解读为“元朝之宝”，即元代由白银或黄金制成的货币。据史料记载，元朝至元三年（1266 年）以平淮库（当时国家银库）的白银熔铸成“锭”，凡重量达 50 两者，名曰“元宝”。后来我们把金锭、银锭通称为元宝。其实，早在唐初开元通宝行世时，民间就有取其硕大、贵重之意，旋读为“开通元宝”的说法，而最早的元宝钱也出现在唐代中期，不过当时的元宝只是对铜钱的一种称呼。

唐王朝进入中期后，走上了由兴转衰的下坡路，到唐玄宗李隆基天宝十四年（755 年），节度使安禄山与部下史思明发动了历时八年的叛乱，史称“安史之乱”。安史之乱爆发后，造成社会动荡，经济萧条，市场凋敝，政府财政匮乏。“得壹元宝”与“顺天元宝”大钱，就产生于这一动乱年代。次年，安禄山在洛阳登基，不久后又被儿子安庆绪害死。唐肃宗乾元二年（759 年），史思明诱杀安庆绪，在范阳自立为帝，更国号大燕，建元顺天。上元元年（760 年）六月，开始铸行货币——得壹元宝。据说，史思明做梦时梦见了一个“壹”字，找道士解梦，道士附会说这是“得一者得天下”，史思明大喜，便销毁洛阳佛像取铜铸“得壹元宝”，与开元通宝并用，规定以 1 个得壹元宝合 100 个开元通宝。这种虚值货币遭到了百姓的反对，民间又流传开“壹”字是“一世而亡”的说法。史思明知道自己并非正统，便非常迷信这些怪力乱神之说，听闻此事后很快改铸“顺天元宝”，表示所作所为是顺应天命，希望权利永固。据《新唐书》记载：“史思明据东都，亦铸‘得壹元宝’钱……既而恶‘得壹’非长祚之兆，改其文曰‘顺天元宝’。”由于“得壹元宝”只发行了几个月，其铸造量很少，收藏界有“顺天易得，得壹难求”之说。史思明的皇帝梦很快就破灭了，据《钱录》说：“贼平之后，无所用焉。刀兵之家，还将铸佛。”安史之乱平息之后，毁佛所铸的得壹元宝和顺天元宝被“还将铸佛”，这也有点讽刺意味。

1992 年，在洛阳考古发掘的一座中唐墓葬中，出土有当时流通的四种钱币，其中开元通宝 10 枚，乾元重宝 16 枚，得壹元宝 3 枚，顺天元宝 7 枚。得壹元宝制作工整，钱径约 3.5 厘米，重 12.5 克左右。其背面多有月纹，穿上、下、左、右皆铸有月纹之币较为少见。据说在钱币上铸星月纹寓意“进步”和“成功”，但封建割据不是历史的进步，不会获得真正的成功，上元二年（761 年），史思明被儿子史朝义杀死。唐王朝借回纥兵收复洛阳。

得壹元宝

顺天元宝

中国最早的宝文钱

80

开元通宝

武德四年（621年），唐高祖李渊针对隋末战乱后恶劣的经济环境，及时改革币制，废除以前使用的各式钱币，统一铸造开元通宝钱，为稳定初唐的政治经济秩序起到了重要作用。前文讲到的汉兴钱以年号命名，首次打破了传统货币只以重量命名的旧制，但是年号钱和重量钱并不冲突，重量钱还在继续使用。而从开元通宝钱出现以后，钱币上不再出现重量或计量单位，重量钱从此取消了。而且，钱文由篆书为主转变为以隶书为主，这也是古代货币史上的标志性事件。一个常见的误解是把开元通宝当作唐玄宗开元年间的钱币，实则不然。“开元”取“开辟新纪元”之意，“通宝”意为“通行之宝货”。

开元通宝钱轮廓深峻，铸造精良，直径约24毫米，穿边长6毫米，重约4克，面背皆有内外廓。钱文由唐初著名书法家欧阳询所书，端庄匀称，史载“开元钱之文，给事

开元通宝

中欧阳询制词及书，时称其工”。开元通宝共发行了二百八十余年，在疆域广阔的唐王朝各地流通，铸造之初便“置钱监于洛、并、幽、益等州”，后因需求量增大，又一直增加钱监和开炉的数量。至唐武宗会昌年间，各州都可自行铸币，这样一来，开元通宝的版别变得非常繁杂，品类繁多。进而也造成官铸泛滥、私铸盗铸屡禁不绝的现象，使开元钱“逾滥成弊”。对开元钱的研究难点在于分期，近三百年间的开元通宝钱文内容都是一样的，需根据其材质、铸工、钱文风格等进行区分。

在钱币的形制和重量上，开元钱成为唐代以后各代铜钱的标准。宝文钱通行之后，中国衡制不再以锱、铢为单位，改为两、钱、分、厘的十进制法，“钱”字成为重量单位，一钱即一枚开元通宝的重量，这种每文重一钱，一两重十钱的定例一直延续到清末。

开元通宝钱是五铢钱之后使用时间最久的钱币，也是中国通宝钱制度的开端，宝文钱从此取代纪重钱占据古代货币的主流。

中国最早的对钱

81

南唐通宝钱

对钱是指钱文内容、钱体形制相同，字体有异并成对铸行的钱币，其特点是两枚钱币的形制、厚薄、大小、边廓、穿孔、重量、直径、质地、文字完全相同，只有书体不同，成双成对，别具特色。对钱的开端始于五代十国时期的南唐，兴盛于北宋，至南宋衰竭，元以后绝迹，先后历时二百三十余年。南唐时，有“开元通宝”篆隶对钱、“唐国通宝”篆楷对钱、“永通泉货”篆隶对钱等。

五代十国之中，南唐的国力最强，文明最为昌盛，其制度对后世影响很大，而南唐也是十国中铸钱最多的一国。到了嗣主李璟执政时，因流通需要，加之为了扩大疆域，长期对闽、楚、吴越等国用兵，南唐铸钱量增大，种类也有所增多。先后铸有“保大元宝”钱、“永通泉货”当十钱、“开元通宝”“唐国通宝”“大唐通宝”等。南唐时继续铸造“开元通宝”小平钱，钱文较唐开元钱字小，钱径比唐开元钱

左
楷书唐国通宝

右
篆书唐国通宝

稍大，宽缘、细字为其特征。有篆、隶两种书体，相传为徐铉所书，篆、隶两种书体的南唐开元钱，是中国古钱币“对钱”之开端。“唐国通宝”开铸于显德六年（959年）七月，《十国纪年 · 南唐史》载：“周师南伐，割地，岁贡万物，府藏竭，钱货亦少，遂铸唐国通宝钱，以二当开元钱一行用。”唐国通宝与开元通宝钱并用，以折价行用。起初铸1 000文钱用铜料3.75斤，其书法、铸工、成色都很精美。不久之后，为应付日益困难的财政开支，钱币越铸越小，最后减到1 000文钱只用铜料1斤。钱币减重贬值的结果是造成通货膨胀，给民众带来了极大的灾难，南唐钱币的变化也反映出南唐国家的兴衰。

南唐的开元通宝和唐国通宝，都有篆书体、隶书体两种钱文，除了书体不同，其他特征如大小、边廓、铜质、钱文内容大致相同，主要标志是阔缘、小字，正如泉学大师翁树

左
楷书永通泉货

右
篆书永通泉货

培所言“类尔璧合”，这便是中国最早出现的对钱。当时，对钱刚刚问世，其“对称”的标准还不严谨，但可谓开对钱之先河，对后世北宋对钱的兴盛具有十分重要的意义。

对钱是我国货币文化宝库里的一朵奇葩，它既是制作精美的流通货币，又符合中国传统文化中关于对称的哲学理念和审美趣味，在宋代发展到巅峰，把中国古代金属铸币的艺术性推到了极致。最早发现“对钱”现象并加以研究的是清代乾嘉年间的古钱学家翁树培。翁氏在其所著《古泉汇考》一书中首次收录了100多对对钱。经过钱币学家的收集整理和研究，《对钱谱》《符合泉志》《新订北宋符合泉志》等对钱专著相继问世，引起了更多人收集和研究“对钱”的兴趣。

中国现存最早的农民政权自铸钱币

82

应运元宝

历代统治者在战争开支大、财政紧张的情况下，往往会铸行更多、更大面值的货币。农民起义军也不例外，称王必铸钱，为了建立和巩固政权、筹措经费，也会铸造发行自己的货币。目前发现最早的农民起义军铸币是北宋初年蜀王李顺应运元年（994 年）所铸的应运元宝、应运通宝钱。

北宋初年，四川一带土地兼并的情况非常严重，“富者有弥望之田，贫者无立锥之地”。加上政府严苛的捐税与商业政策，底层百姓的生活困苦不堪，阶级矛盾日益尖锐。淳化四年（993 年）春，四川青城王小波、李顺领导农民发动武装起义，提出“均贫富”的口号，各地农民纷纷响应，声势浩大，“旬日之间，归之者数万人”。后来王小波战死，李顺带领起义军越战越勇，凡起义军所到之处，就命当地富户分散家财、赈济贫乏。淳化五年（994 年），起义军攻占成都，李顺即位称王，国号大蜀，建元应运。为增加财政收入、

应运元宝

缓解农民困苦，李顺铸行应运元宝、应运通宝钱。两者皆为小平钱，形制仿照北宋的太平通宝，钱文旋读，面深背浅，有周廓。材质有铜、铁二种，盖因铜材紧缺，以铁钱辅之。应运元宝背有星月纹饰，应运通宝为光背无纹饰。

不久，大蜀政权遭到了宋军镇压，李顺战死。但是，这次起义有力地打击了北宋统治者，四川地区的封建生产关系因此发生了一些变化，“均贫富”的理念也为百姓所熟知。应运元宝、应运通宝钱的铸行，反映了大蜀政权的兴亡进程，是宋初农民起义争取权利的产物和实物例证。大蜀政权存在时间虽短，却十分重视发展经济、赈济贫乏，建国之初便铸行货币，这在农民起义的历史上也是空前的。

83

淳化元宝

宋代是中华文化最丰盛的时期，多位帝王都有深厚的文化艺术造诣，留名于文学界或美术史。从开国皇帝宋太祖起，就定下了扬文抑武的基调。北宋太宗是一位颇有造诣的书法家，据《资治通鉴》中记载，宋太宗淳化元年（990 年），“改铸‘淳化元宝’钱，帝亲书其文，作真（注：相当于楷书）、行、草三体。自后每改元必更铸，以年号元宝为文”。御书淳化元宝集隶真、行、草三种书体钱文，成为皇帝亲书钱文之始，也是行书、草书入钱文之始。宋朝皇帝常常更换年号，每次改元就铸新的年号钱，这也是由宋太宗赵光义为开端的。

北宋初年的文学家王禹偁写过一首咏泉诗：“谪官无俸突无烟，惟拥琴书尽日眠。还有一般胜赵壹，囊中犹贮御书钱。”表达的正是对御书钱的赞赏。宋代自淳化御书三体钱以来，便出现了无钱不成对的现象。同文的三枚或两枚钱在

淳化元宝金钱

形制方面，如穿孔大小、轮廓阔狭、钱体厚薄及铜质优劣等，都是完全一样的；在文字方面，钱文的内容、位置、大小也都一样，仅书体不同。宋代的对钱形制非常讲究，比如至道元宝行草成对，绍圣元宝行篆成对。宋徽宗时更是对钱的集大成时期，政和、重和、宣和年间都有多种对钱相匹配，其质量之精、书法之美都是空前绝后的。

淳化元宝中有一批是宋太宗亲书并专炉铸造的，专供五台山佛寺的金质布施供养钱。淳化元宝佛像金钱面文为行书，穿孔背面刻有两尊浮雕佛像，左边为站立的善财童子，右边结跏趺坐的是观音菩萨，辅以莲花宝座和祥云作依托。1988年，五台山在修建佛塔时发现了这批佛像金钱，成色在 96% 以上。钱径 24 毫米，厚 1.2 毫米，钱背佛像隆起 2 毫米，

淳化元宝，
自左向右
真、行、草书

每枚约重 12 克。背外缘上部刻记数字，应为纪年序号。淳化元宝佛像金钱是我国货币史上最珍贵的佛寺供养钱，反映了北宋统治者对佛教的推崇，为研究宋代佛教文化提供了新的视角。淳化元宝金钱出土后曾被民工私下分拿倒卖，在香港钱币市场达到了一枚金钱可换一辆豪华轿车的天价。后来，河北省阜平县公安局破获了这起特大倒卖古金币案件，收缴宋代“淳化元宝”金币 1 343 枚。

84

交子

前文说到宋代金属货币的铸造和使用非常发达，其币值和形制的科学性、铸造的精美和艺术价值都发展到了巅峰。宋代开国后，以铜钱为主要流通货币，不过四川是个例外，蜀地铜少铁多，以铁钱为货币主流。10 世纪末，四川地区商贸业繁荣，而铁钱体大值小，十分笨重，对行商之人来说交易和携带都很不便。大铁钱每千文重 25 斤，一匹罗值 2 万钱，要靠车载才能完成交易。于是应时出现了纸质货币，代替铁钱流通，当时的纸质票据其实是一种存取款凭证，这种填写存款金额的楮纸券就叫作交子。最初由私商零散发行，形制不统一，宋真宗年间，益州的 16 个富商联手成立了交子铺，每年向政府缴纳一定费用。交子供大家兑换使用，称为“私交子”，以铁钱为准备金，兑现时收取手续费。此种交子具有统一的面额和格式，具备了信用货币的特性，成为世界上最早的纸币。天禧元年（1017 年），官府对私交子

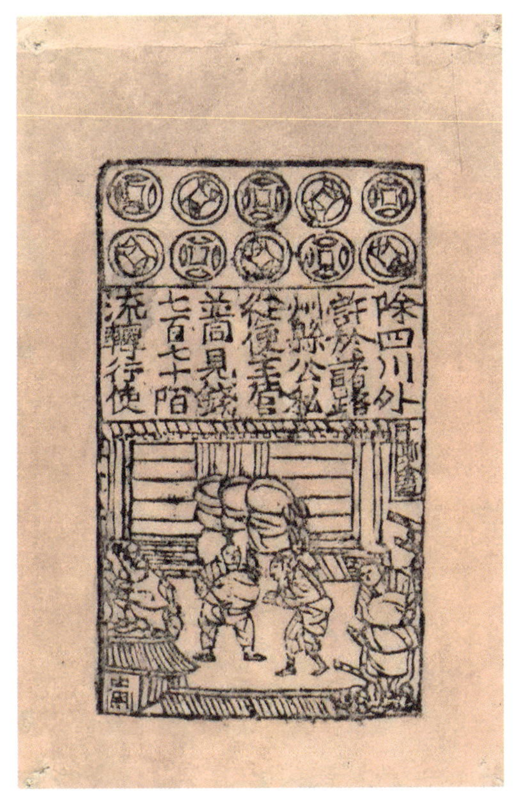

交子图样

进行整顿，设立了“界”制度，每界交子期限为二至三年，到期必须兑现或换成新交子，以防伪造。后常因发行人破产而不能兑现，政府遂禁止私人发行，改为官办。宋仁宗天圣元年（1023 年），朝廷设立交子务，首届发行“官交子”126 万贯，准备金率为 28%，交子开始作为官方的法定货币进行流通。官交子由政府统一印制，版画图案精美，上有密码、图章等印记，纸币制度更加完善，流通区域也逐渐扩大。

“交子”的出现，便利了商业往来，弥补了现钱的不足，替代了笨重的铁钱，是我国货币史上的里程碑性事件。其发行和流通象征了宋代经济的繁荣，反映出宋代货币制度的创新，在印刷史、版画史上也占有重要的地位，对研究我国古代纸币印刷技术有着重要意义。吴筹中在《中国纸币研究》中认为“早期民间发行的交子产生在淳化三年（992 年）至至道二年（996 年）之间”。直到 1690 年，欧洲才出现纸币，可以说中国纸币的产生和发展领先了欧洲近 700 年。北宋交子是中国乃至世界最早的流通纸币，它的出现是货币史上的一次巨大变革。

中统元宝交钞

中国是世界上最早发行纸币的国家，北宋时交子已经广泛使用，但是迄今为止，我们还没有发现交子的纸质实物，只留存有印钞的模板。我国现存最早的纸币实物是元朝的中统元宝交钞。中统元宝交钞发行于元世祖中统元年（1260年），由忽必烈下诏所造，一直行用至元末。《元史·志·卷四十六》载:“世祖中统元年，始造交钞，以丝为本。每银五十两易丝钞一千两，诸物之直，并从丝例。是年十月，又造中统元宝钞。其文以十计者四：曰一十文、二十文、三十文、五十文。以百计者三：曰一百文、二百文、五百文。以贯计者二：曰一贯文、二贯文，每一贯同交钞一两，两贯同白银一两。”中统元宝交钞由中央政府统一发行，它以丝为本，以两为单位，每 50 两银子兑换丝钞 1 000 两。使用范围不限时间和地区，可以用来兑换银两、缴纳赋税、发放俸饷等。至元二十二年（1285 年），全国禁用银钱市货。中

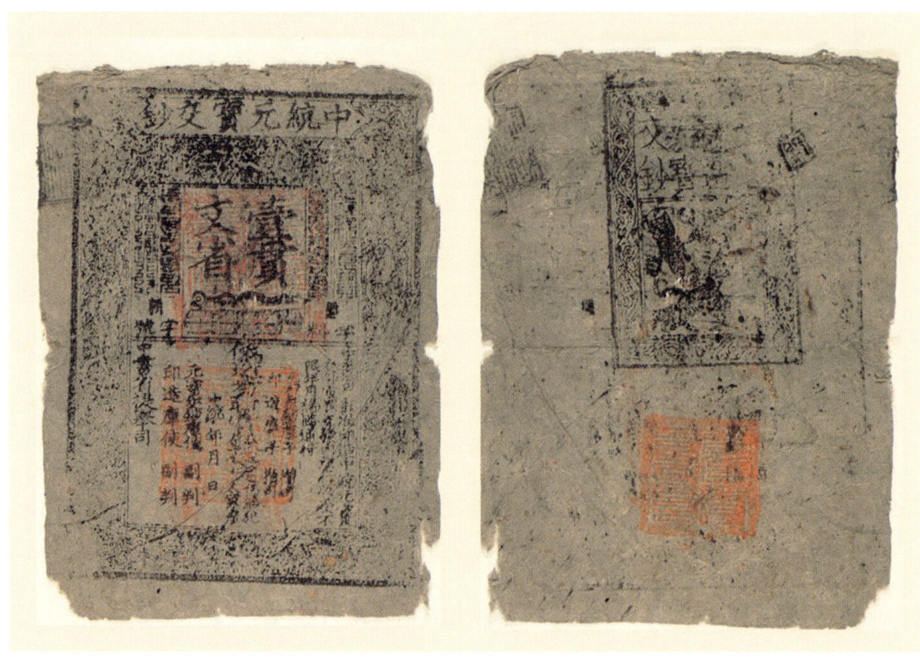

中统元宝交钞

统钞成为我国历史上首次通行全国的纸钞，是元代唯一合法的统一流通货币。这在世界货币史上是一个伟大创举，印度、朝鲜、日本等国纷纷效仿元朝发行纸币，《马可 · 波罗游记》中所提到的“大汗的纸币”更是令欧洲人惊叹。

1982 年，呼和浩特市东郊的辽代白塔进行常规维修，工人在古塔第二层回廊中发现了一张印有“中统元宝交钞”字样的纸币，纸币在积土层中折为四叠，背面朝外，上面粘着一些砂砾。这张无意中发现的纸币便是世界上现存最早的钞票实物。此钞为桑皮纸印造，质地柔韧，长 164 毫米、宽 93 毫米，正背面皆盖有红色官印。正面第一行为“中统元宝交钞”字样；第二行书壹拾文，下方有十枚钱币图案，右边为汉文“中统元宝”，左边是八思巴文“诸路通行”，均为九叠篆书；其上加盖木刻动字印，为千字文之编码，用古钞暗码破译成现代语言是指第 19890 号钞票；第三行内容为“行中书省，奏准印造中统元宝交钞，宣课差发内，并行收受。不限年月，诸路通行。元宝交钞，库子，攒司，印造，库子，攒司。伪造者斩，赏银伍定（锭），仍给犯人家产。中统年月日，元宝交钞库使副判，印造库使副判。行中书省提举司”，标明了流通范围、时限、印制时间、机关等信息，并告诫造假币要被杀头，举报的人不仅有赏银，还能获得犯人的家产。背面上方为朱印，下方墨印上行为壹拾文字样，下图十枚钱形图案。

1260 年元朝始行中统宝钞，1269 年新制八思巴文字，宝钞票面上没有出现后期纸钞上常见的八思巴文字，所以说它应是 1260 年 7 月到 1269 年 2 月期间发行的；下半部有“行中书省奏准印造”“行中书省提举司”文字，中统三年（1262 年）前后，中、行两省合并，故该钞早于中统四年（1263 年），比其他现存元朝纸币都要早，是我国现存最早的一张纸币，也是当今世界上最早的钞票实物。

86

大明宝钞

明朝建立初期，明太祖朱元璋本想实行全国统一的铜钱流通制度，但由于铜料短缺及铜钱不便大额携带的特性，不能适应逐步发展的商品经济需求，政府便遵照宋、元以来的传统，行用纸币。洪武七年（1374 年）设立宝钞提举司，其下再设钞纸、印钞二局和宝钞、行用二库，统筹发行纸币的有关事宜。洪武八年三月（1375 年 4 月），明太祖下令印造“大明宝钞”，作为法定货币流通。“大明宝钞”以桑树皮所造的纸（穰）作为币材，外表为青黑色，形制高约 33 厘米，宽约 22 厘米，相当于一张 A4 纸的大小，自古至今，我国的纸币没有比大明宝钞尺寸更大的了。钞票正上方有龙形花栏的横题，题为“大明通行宝钞”，两旁以篆文书写“大明宝钞”“天下通行”。下端写有“户部奏准印造大明宝钞，与铜钱通行使用，伪造者斩，告捕者赏银二百五十两，仍给犯人财产。洪武年月日”。宝钞的中央有钞贯的图案，若图

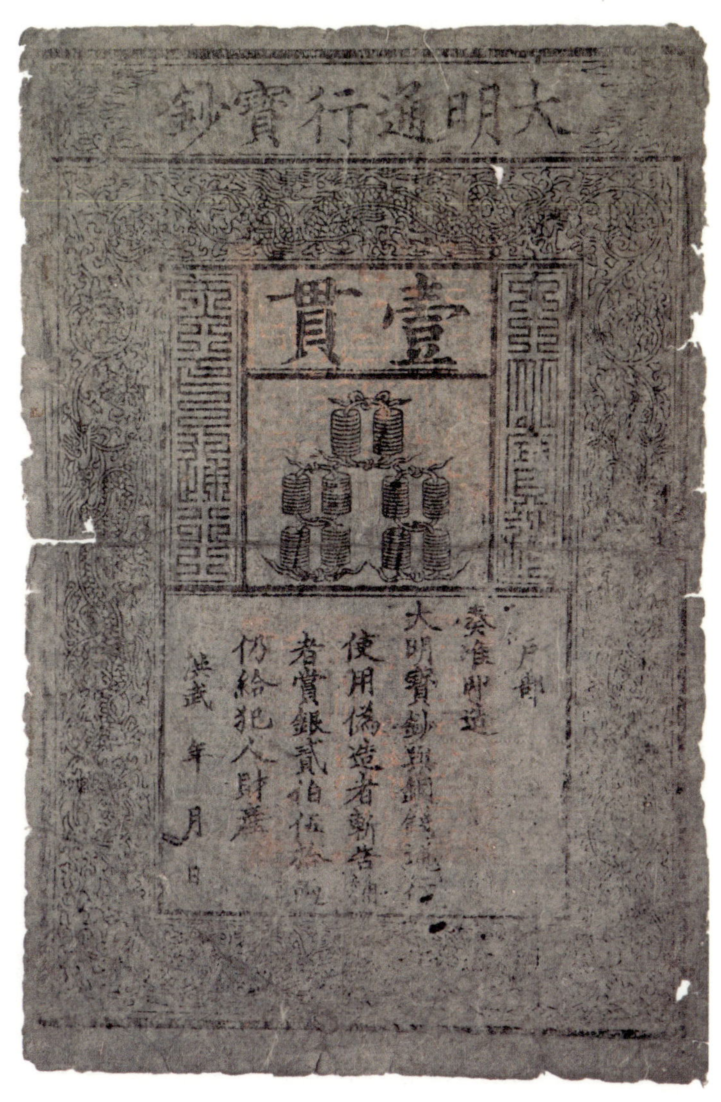

大明通行寶鈔
壹貫
戶部
奏准印造
大明寶鈔與銅錢通行
使用偽造者斬告捕
者賞銀貳佰伍拾兩
仍給犯人財產
洪武　年　月　日

大明通行宝钞

案为十串铜钱，则面值为钞一贯（一贯等于一千文钱），其余如此类推。宝钞面额分一百文、二百文、三百文、四百文、五百文和一贯（一千文）六种。

大明宝钞是明朝官方发行的唯一纸币，自从洪武年间发行宝钞以后，后代继续沿用洪武的名义发钞，所以宝钞基本上只有一个版本，使用到崇祯年间，通行了约二百年。最初，大明宝钞一贯等同于白银一两、铜钱一千、黄金 0.25 两，可以折换米一石（明制，一石相当于 120 斤）。明太祖在位时，严重地超发纸币，而且只发不收，既不分界，也不回收旧钞，致使市场上流通的纸币越来越多，宝钞泛滥成灾，导致通货膨胀愈演愈烈。洪武二十二年（1389 年）前后，纸币时贬时升，江西、福建一带二贯纸钞只能换铜钱五百文；洪武三十年（1397 年），一两白银可以买四石米，如果用宝钞买，却要十贯。永乐二年（1404 年），一石米一度值钞一百贯；永乐五年（1407 年）米一石值钞三十贯；宣德年间，一石米、一匹棉居然要宝钞五十贯，宝钞一贯就只值铜钱 5 文左右了。到正统九年（1444 年），米价涨到宝钞一百贯。明钞已不能通行，“积之市肆，过者不顾”。到正德年间，宝钞实际已经废止。此后，明朝不再发行纸币。崇祯帝时，宝钞一贯仅等于 0.1 文铜钱。

中国最早的机铸银元

87

吉林厂平

我国银币的铸造历史悠久，春秋战国时期就开始使用银币，但都沿用浇铸和手工打制的方法。第一次工业革命之后，世界各国机器工业兴盛，机器铸币逐步代替了手工，原始的铸币工艺显得落后起来。18 世纪末，中国海禁渐开，外国银元开始流入中国，外国银元制作精巧，大小成色基本一致，便于计算，人们乐于接受。我国传统的银锭、元宝则显得笨重，慢慢地退出了流通领域。据不完全统计，至 1910 年，在华使用的外国银元超过 15 种，数量达 11 亿元之巨，在中国所占的货币比重高达 43%。外商以银元和鸦片套取巨额白银出口，导致银价暴涨，危及国计民生，银元成为西方列强控制中国政治经济与财政金融的重要工具。中国朝野有识之士纷纷提出改革建议，力主中央政府统一铸造银元，借以“维主权、存正朔、收利权、塞漏卮”，与外国银元相抗衡，阻截白银外流，挽救国家经济。

吉林厂平半两

清光绪十年（1884 年），中国自铸机制银币在历经近半个世纪的争论、酝酿之后，始由吉林机器官局铸成，代表先进工艺的“吉林厂平”银币诞生了，它是我国自行设计并用机器铸造的第一套银币。当时，为了抵制洋钱，改善铜钱缺乏的现状，吉林将军希元以“该省欠缺制钱，私商钱铺所发钱票流通于市，造成银价增昂，物价上涨”为由奏请清廷批准吉林省自行铸造银币，并从军饷中提取白银五千两，委托吉林机器官局铸造一两至一钱的整套吉林厂平银币。在满语中，“吉林”意思为“船厂”，吉林当地习惯用厂平计重，此种银币由此称为“吉林厂平”。“吉林厂平”银币全套共五枚，分一钱、三钱、半两、七钱和一两五种面额，以一两币最为稀少。其文字、图案据传皆出自金石书法名家吴大澂手笔。该币正面上端镌圆形篆体“寿”字，与左右两侧的龙纹共同构成双龙戏珠或双龙献寿图案，中央方框内镌“光绪十年吉林机器官局监制”字样；背面中央方框内镌“厂平半两”，方框外镌满文币值与卷云纹，正反两面的边饰均为圈点纹。因未获中央政府正式批准，“吉林厂平”没有大量铸造，仅有少量流散民间，所以十分珍贵。

最早流入中国的外国银元

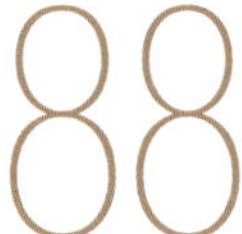

西班牙本洋

16世纪起，在资本主义国家殖民扩张进程中，外国银元陆陆续续流入我国，普通百姓因不识洋文，便根据图案为这些洋钱取了各种名称。道光九年（1829年）的一份皇帝批奏上就批有:“朕闻外夷洋钱，有大髻，小髻，蓬头，蝙蝠，双柱，马剑。”“双柱”指的是西班牙所铸“本洋”银币，因背面图案有两条立柱，故俗称“双柱”。西班牙本洋于明代万历年间流入中国，当属最早出现在国内的外国银元。

最初，外国银元大量流入是由于中西贸易间的“出超”，外国人以银元偿付货款。由于银元规格统一、难以伪造、便于转移或携带，逐渐受到国内使用者的青睐。鸦片战争以后，中国殖民地化程度不断加深，银元的使用率不断提升，其市场价格便大大超出造价，出现了外商用银元购买中国白银，再铸成或兑换外国银元运回中国的“套利”现象。西班牙“双柱”银元以其数量大、含银量高、制作规范，很快成为中国

西班牙本洋，俗称“双柱”

市场上的“本位银洋”，也是大宗贸易的结算货币。当时西班牙银元在全球通行，其信用和地位堪比今日的美元。

西班牙银元(1535—1821)在西方又称墨西哥银元。16世纪初，墨西哥沦为西班牙的殖民地，因盛产白银，1535年西班牙殖民者在墨西哥城建了北美洲第一家造币厂，最早流入我国的西班牙“本洋”和后来占据我国货币半壁江山的墨西哥“鹰洋”，大部分就是在此造币厂铸造的。西班牙本洋广义上有三种版本，狭义上指的是有西班牙皇帝胸像的第三种银元。这种银元制造于1772至1822年间，正面的西班牙皇帝肖像分别为卡洛斯三世、四世和斐迪南七世，右侧铸有拉丁文DEIGRATIA(意为蒙天主之恩)，下部是铸造纪年。背面图案盾牌中央十字对角分别是雄狮和城堡，两侧为大力神赫拉克勒斯（HERAKLES）双柱。其成色原为93.7%，减色后也在九成以上，沿用了西班牙国内货币的制币标准。1821年墨西哥独立以后，西班牙银元因来源缺乏而逐渐退出市场。1856年以前，西班牙本洋是上海及长江下游地区的主要流通货币，银行一度将本洋作为计算单位，1856年以后，上海钱庄业开始采用一种虚拟的银两记账单位，名为“规元”。受到本洋及其他外国货币的影响和刺激，中国开始了自铸银元的货币改革，外国银元逐渐退出了中国市场。

89

太平天国特大花钱

湖南省博物馆藏有一枚太平天国特大花钱，已破损，现仅存半爿残片。从残片推算，其直径为 33.5 厘米，厚 0.8 厘米，半爿重达 2 170 克。这枚特大花钱为黄铜质，遍体鎏金。正面仅存“太天”二字，边缘是二龙戏珠图案，背面尚存一“圣”字，旁有双凤图案，边缘是八宝纹饰。这枚钱的钱文若全，应为“太平天国”背“圣宝”。如果此钱完整无缺的话，那么它的重量将达 4 500 克左右，大小犹如一个茶盘，它是我国迄今发现最大最重的钱币，为稀世孤品。

太平天国的大花钱并不是流通货币，太平天国李明成在致英国翻译富礼赐书中说，“敝国圣钱今已办上大花钱壹元，敬呈麾下取玩，以表友情”。可知这类大花钱是太平天国时期铸造的一种纪念币，作为馈赠朝中大臣和外宾的礼钱。

除了这枚特大花钱，太平天国还铸有较小尺寸的花钱，这可帮助我们了解花钱纹样的全貌：正面直读“太平天国”

四个宋体字，字体端方严谨，边沿框内隆起“双龙戏珠”纹，当中顶端为“宝珠”,下端龙尾之间饰有“寿山福海”纹；背面正中“圣宝”两字，庄重得体，两旁为“双凤朝圣”纹，边沿框内饰有宝盖、法轮、金鱼、宝伞、妙莲、宝瓶、盘长、法螺八吉祥图。整枚大花钱华美端庄，呈现出一派“龙飞凤舞、喜庆吉祥”的气象。

太平天国
特大花钱残片

鸦片战争后，清政府为支付巨额赔款而横征暴敛，增加赋税，使阶级矛盾更加激化。广大农民饥寒交迫，纷纷揭竿而起，广西地区的各种矛盾尖锐而统治力量相对薄弱，加上天灾人祸，农民阶层的反抗斗争此起彼伏，道光三十年（1850年），爆发了洪秀全领导的太平天国农民起义，建号太平天国。经过不断转战，1853年3月19日，洪秀全率军占领江南重镇江宁（今南京），定为都城，改称天京。定都天京后，铸花钱以资纪念，其材质、书体、纹样皆精美异常。波澜壮阔的太平天国运动历时14年最后还是以失败告终，其铸币为数不多，加上清政府的大肆销毁和百余年的风雨历程，如今真品极少，因具独特的历史价值和艺术价值而成为收藏市场上可遇不可求的珍品。

太平天国花钱

中国使用时间最短的铜币

90

祺祥钱

1861年7月，清咸丰皇帝在热河承德避暑山庄病危，特封肃顺、载垣、端华等八人为赞襄政务大臣，处理国事。不久，咸丰帝病死，7月26日，八大臣遵从遗诏辅政，拥立载淳为帝，拟定次年改元“祺祥”，并铸造“祺祥”钱币。祺祥是同治皇帝的第一个年号，当时提出时即有大臣因“祺”“祥”两字意思相近而持反对意见，还不及更改，慈禧便于9月30日发动了宫廷政变，联手东宫太后慈安，勾结当时留守北京的恭亲王奕䜣，密谋逮捕八位顾命大臣，并将肃顺等三人处死。这就是有名的“辛酉政变”，又称“祺祥政变”。之后，慈禧掌权垂帘听政，采纳大学士周祖培奏议，废止“祺祥”年号，改用“同治”年号，停铸“祺祥”钱，铸币回炉铸为“同治”钱。这样，咸丰十一年（1861年）七月二十六日确定的“祺祥”年号，到当年十月五日即被废除，

祺祥通宝

仅仅存在了69天，其间发行的“祺祥钱”多为样币，流通币几乎全部收回损毁殆尽，可以说是中国寿命最短的钱币。

祺祥钱有祺祥通宝和祺祥重宝当十两种，仅宝泉局、宝源局、宝云局、宝苏局有铸。祺祥通宝钱径约2.7厘米，重一钱二分，面文楷书，顺读。祺祥重宝钱径约3.5厘米，重七钱四分，为当十钱，面文楷书，顺读，钱背穿孔左右为满文的“宝泉”或“宝源”二局名称；穿孔上下是汉文的记值“当十”二字。孙仲汇著《钱币辞典》载：“祺祥通宝、祺祥重宝：咸丰十一年（1861年）铸，通宝小平有宝泉、宝源、宝云、宝苏、宝巩五局，后三种极罕。重宝当十有宝泉、宝源、宝巩三局。宝泉局极少。”因此，尽管“祺祥”年号钱距今时间不长，但因为发行时间短暂、存世量极少而被钱币收藏家视为珍品。

祺祥通宝还铸有合背钱，即误用二件面范（铸钱模具中的面模）铸成的钱，其双面均有钱文，是我国古钱币中出现的特殊现象，也是比较稀少的版别。不同年号合背钱的出现，是由于“祺祥”钱改铸成“同治”钱时，时间仓促，而铸量剧增，铸工在操作忙乱中误用钱范，加上检查不严，错范的祺祥重宝与同治重宝合背钱便流入了市场。这也是清朝晚期吏治腐败、纲纪松弛、钱法混乱的体现。“短命”的祺祥钱发挥了“以钱正史”的功能，见证了复杂诡谲的清末宫廷政变。

中国通商银行兑换券

鸦片战争后，西方列强凭借特权，纷纷在上海等地设立租界、开办银行、发行纸币，意图操控中国经济命脉。时任大清铁路总公司事务大臣的盛宣怀，在督办铁路的经历中，意识到创办银行不仅利益丰厚，而且可以支持本国工商业的发展，抗衡西方列强对中国的经济掠夺。光绪二十二年（1896年），他在向清政府呈请设立中国通商银行的奏折中称：“英、法、德、俄、日本之银行乃推行来华，攘我大利。”建议设立银行“以通华商之气脉，杜洋商之挟持”，“使华行多获一分之利，即从洋行收回一分之权”。次年四月二十六日，中国第一家由国人创办的银行——中国通商银行正式开业，总行设于上海，另在北京、广州等地设有分行。

中国通商银行是中国第一家享有发行纸币特权的银行，成立之初，清政府即授予发行银元、银两两种钞票的特权，以为民用，使之为整理币制之枢纽，至此国中始见本国纸币与外商银行之纸币分庭抗礼，金融大权不复为外商银行所把持。该行前后共发行纸币达 37 年之久，共发行钞票二百多万两，为当时各商业银行之首。1898 年，中国通商银行委托英国公司 Barclay & Fry Ltd. 印制了银元票（一元、五元、十元、五十元、一百元）合计 235 万元；银两票（一两、五两、十两、五十两、一百两）合计 50 万两。银两票行用于北京与上海，北京的银两票外框为蓝色，上海为紫色；银元票行用于上海与广东，上海的银元票外框是红色，广东为绿

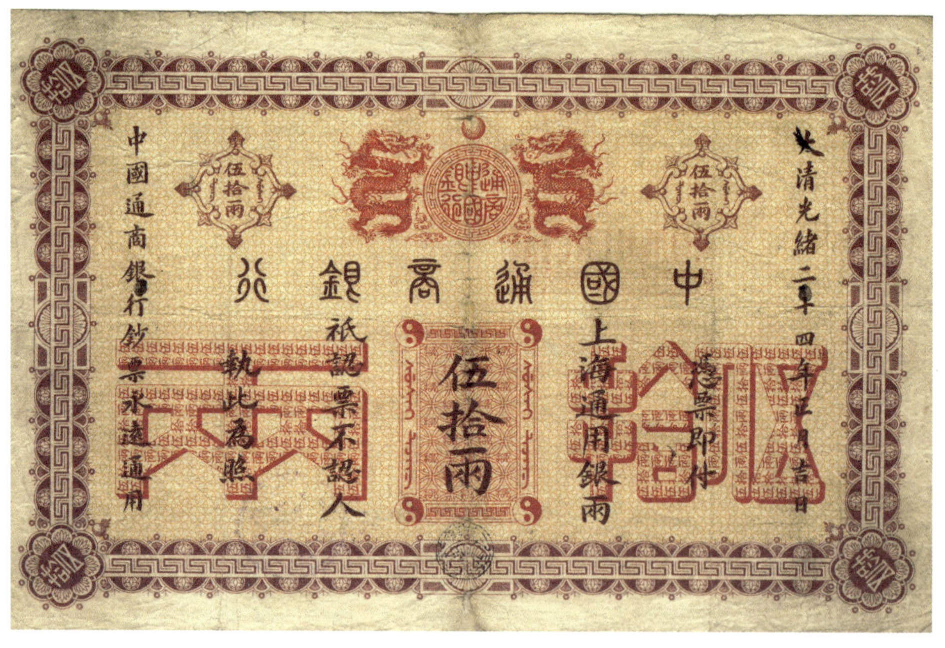

中国通商银行光绪二十四年（*1898* 年）上海通用银两票五十两

中国通商银行
财神像一两金饼

色。票面上方图案取双龙戏珠图，仿洋式横形钞票，又不失大清官票宝钞之遗风。至光绪三十年（1904 年）第二版时，图案则改为民间喜闻乐见之财神像。此后财神被正式奉为该行之标志，在之后的各版钞券上一直沿用。

中国通商银行纸币发行权直至 1935 年国民政府实行“法币政策”时才被取消，由于回收彻底，又经百余年的沧桑变迁，早期的和高面额的中国通商银行纸币早已是可遇而不可求的稀罕之物，因此，它们都已成为纸币收藏中的宠儿。

中国最早铸有人物图像的银币

四川卢比

与外国常见的人像货币不同，我国古代货币上的文字书体丰富多变，星月、灵芝等吉祥图案时有出现，动物、人物图案却相对少见。我国最早且唯一将帝王像铸于银币上的就是四川卢比。四川卢比是清政府针对英国对我国西藏进行经济侵略这一特殊情况批准铸造的，仅行用于康藏地区。“四川”表明其主要铸造地，前期铸造于四川成都造币厂，后期铸造于康定造币厂。“卢比”是指仿铸自印度的卢比银币。

19 世纪下半叶，英国殖民主义者大举武装入侵西藏，迫使清政府同英方签订了《藏印条约》与《拉萨条约》。此后，西藏门户大开，英印商人可自由到西藏进行互市贸易，英商将东印度公司制造的印度卢比大量输往藏地，几乎成了西藏地区的通行货币。外币的大量输入严重破坏了西藏的财政金融秩序，为了抵制外国货币的入侵，光绪三十一年（1905年）十一月二十九日，四川总督锡良就此事上奏朝廷，提出

四川卢比

铸造仿照卢比的汉文银元的建议，用以抵制印度卢比泛滥，亦可用于充发藏饷。清廷对其建议很重视，同意在四川银元局仿造印度卢比式样铸造新式银币，“拟请准如该督所奏办理。惟货币之政信用为先，必精其制造，足其成色，始能令汉、番乐用。庶以恢市政而利边民。至此项银市专为藏卫而设，应准在西藏及附近边台行用，作为特别商品，自不得自便行使内地。各省情不同，亦不得援案铸造，致紊币制”。随后，川滇边务大臣赵尔丰负责督办，在成都造币厂采用新式机器，开始大批量铸造银币。印度卢比正面铸有英国国王侧面头像和英文国王名字，背面铸有英文“印度卢比”及铸造年份。而四川仿铸之银元，正面采用光绪皇帝的侧面半身像，象征天朝王权，驱逐外币，维护利权之意。背面铸有“四川省造”四字，四周环绕花草纹饰，中央有一横花或立花，花纹与印度卢比相仿，其重量、大小均与印度卢比一致。

四川卢比是我国最早铸有人物图像的银币，也是唯一铸有帝王像的正式流通货币，它在银币铸造史上有独特地位，反映了中英两国间的货币贸易之争。四川卢比也称“藏元”或“川铸藏元”，或“四川藏洋”，作为一种地方性银铸币，是我国藏族地区历史上铸造、流通的两种银铸币之一，在我国近代史上发挥过特殊的作用，是研究藏汉民族交往史和中外关系史的重要佐证。

信义银行纸币

20 世纪初，华资自办银行渐成风气，信义储蓄银行便是其中一家。信义储蓄银行成立于 1907 年，初名为“商办镇江信义工商储蓄银行”，后取消“工商”二字，简称“信义银行”。信义银行是我国最早的储蓄银行之一，主营储蓄业务，兼办商业银行业务，其创办人为镇江人尹克昌、马相伯，总行设于镇江，分行设在上海、北京、汉口、武昌、扬州、芜湖、长沙、湘潭及宜昌等处。起初营业尚佳，至 1909 年因经营不善，遭遇挤兑而倒闭，是第一批破产的华资银行之一。

信义银行发行有银元券和当十铜元券，其中信义工商储蓄银行壹圆票长 15.8 厘米、宽 10.2 厘米，四周印花框。上端中间印“大部批准”“信义工商储蓄银行”字样，中间长圆形框内印隶书“壹圆”两字，两旁印飞龙图案；右边直印“芜湖通用银元”，左边直书“光绪三十四年印”；下端印

信义储蓄银行
壹圆正面

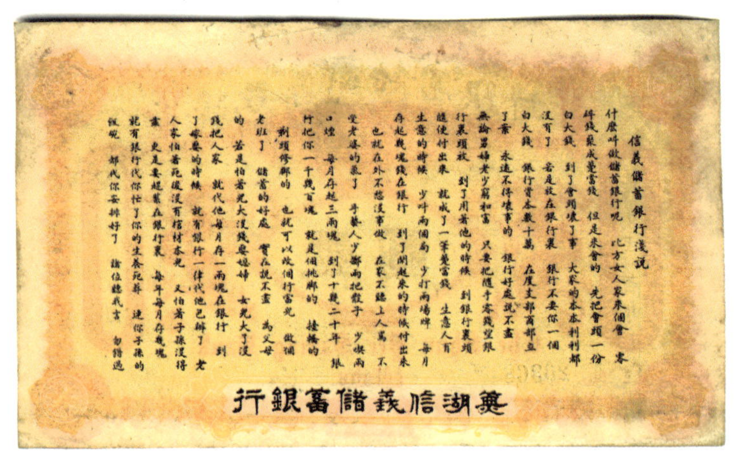

信义储蓄银行
壹圆背面

号码和英文，四角书“壹”字和“1$”字；背面印有“信义储蓄银行浅说”，以镇江方言白话文写就。

“信义储蓄银行浅说”云:“什么叫作储蓄银行呢，比方女人家来个会，零碎钱聚成趸当钱，但是来会的，先把会头一份白大钱，到了会头坏了事，大家的本本利利都没有了。若是放在银行里，银行不要你一个白大钱，银行资本数十万，在度支部商部立了案，永远不得坏事的。银行好处说不尽，无论男妇老少穷和富，只要把随手零钱望银行里头放，到了用著他的时候，到银行里头随便付出来，就成了一笔趸当钱。生意人有生意的时候，少叫两个局，少打两场牌，每月存起几块钱在银行，到了闲起来的时候付出来，也就在外不愁没事做，在家不听上人骂，不受老婆的气了。手艺人少掷两把骰子，少吃两口烟，每月存起三两块，到了十几二十年，银行把你一千几百块，就是个挑脚的，抬轿的，剃头修脚的，也就可以改个行当儿，做个老班了。储蓄的好处，实在说不尽，为父母的，若是怕著儿大没钱娶媳妇，女儿大了没钱把人家，就代他每月存一两块在银行，到了嫁娶的时候，就有银行一律代他包办了。老人家怕著死后没有棺材本儿，又怕著子孙没得靠，更是要赶紧在银行里，每年每月存几块，就有银行代你忙了你的生养死葬，连你子孙的饭碗，都代你安排好了，诸位听我言，勿错过。”

在纸币上印制如此长篇大论来宣传储蓄，历史上仅有信义储蓄银行一家。全文共四百余字，遣词用句非常口语化，描述了老百姓攒钱、用钱的具体情形，普及了储蓄的作用。虽然信义银行在业务方面有夸大宣传、盲目扩张的缺陷，但在宣传推广上却别开生面，针对社会各个阶层，直接在流通货币上鼓吹储蓄的好处。这张信义银行壹圆券便是这段经营历史的见证。

中国最早采用钢凹版雕刻技术印制的钞票——

94

大清银行兑换券

大清银行兑换券，俗称大清龙钞，于宣统三年（1911年）设计试色样票，是我国货币史上首次采用钢凹版雕刻技术印制的钞票。清末，随着外国资本势力的侵入，在通商口岸广设银行、滥发钞票，严重冲击了中国封建社会的经济基础，这种形势迫使清政府接受革新派多次提出的“杜洋商之挟持”“挽回利权”的主张，先后成立中国通商银行和户部银行，并设度支部印刷局，以维护纸币发行权，统一全国币制。

清政府全面考察了日本及欧美的纸币印刷技术后，决定引进当时世界上最先进的钢凹版雕刻技术，用于清政府筹备成立的第一家官办印钞企业的钞票印制之中。1909年，随着度支部印刷局的建立，购置了大批先进印刷机械设备，并以每月3 600美元聘请美国著名钢凹版印雕技师海趣来华，任印刷局技师长并培训艺徒，传授技术。翌年，度支部颁布《币制则例》，规定纸币由大清银行发行，名曰“大清银行

大清银行兑换券
正面

兑换券”。“大清银行兑换券”由海趣参与设计、雕刻，共有八套三十二张试色样票，面额有一元、五元、十元、百元四种，1911 年 3 月 1 日开始付诸印制，此时已值辛亥革命前夜，清政权岌岌可危，即将正式印行的“大清银行兑换券”最终伴随着王朝覆灭而胎死腹中。

大清银行兑换券的设计沿袭了美国钞票的框架式结构，并具雕刻图纹不易伪造的特性，图案的审美趣味超越了以数字和字母为主的美钞。票面黑白分明，表现出远、中、近景，利用点和线构绘出巨龙在天、黎民在田的虚实结合的画卷。左侧为摄政王载沣半身像，人物肖像传神，细节逼真，身着亲王朝服，佩戴一串象征身份的朝珠，两串“记捻”在左，一串在右，反映出当时的宫廷习俗。龙钞的图案设计和印刷工艺精良而美观，画面层次丰富而细腻，防伪花纹精密而复

大清银行兑换券
背面

杂，显示出钢凹版雕刻质地坚硬、细密耐印的特点，具有极高的艺术价值。拾圆兑换券上印有“凭券即付银币拾圆全国通用”字样以及红色编号，背面为蓝色，印有大清银行英文行名并盖“大清银行监督”和“检校印记”两枚印章。原试色样票传世极少，属罕见珍品，且因其印刷精致、设计大方，历来为中外钱币收藏者所喜爱。20 世纪 80 年代末期，北京印钞厂曾以接近原币印制技术为要求，复制大清银行兑换券，作为观赏币供爱好者收藏。

大清银行兑换券的印制，标志着我国引进并采用钢凹版雕刻技术印制钞票的开端，在中国印刷史和中国近代印钞史上均属首创，中国近代印钞事业从此迈入了新的发展阶段。

中国最后一枚圆形方孔钱

95

民国通宝

中国古代钱币历来有“孔方兄”这一戏称，盖因从先秦起，尤其是秦统一币制后，圆形方孔钱在中国数千年的历史中，一直是作为钱币的主要形态存在的。钱币圆形方孔，素有符合“天圆地方”的理念一说。但其中方孔之奥妙，在明代宋应星《天工开物》一书中有所记载，乃是用方形金属条贯穿其中，便于批量打磨铜钱边缘所用。因为中国古代铸铜钱，皆用钱范浇筑，而非压制或者打制而成。刚脱胎于钱范的铜钱，如同枝干相连的小树，须将钱币一一取下，将流铜形成的粗糙边缘打磨光滑，方能投入使用。直到清朝末年，随着机器铸币的普及，圆形无孔的铜元、银元才逐渐取代了圆形方孔的铜钱。

民国通宝是中华民国钱币之一，当时仅云南等省铸造过民国通宝，成为通宝币制的余响。民国通宝方孔钱为黄铜材质，铸于民国初年 (1912—1916) 的云南、福建、天津、

《天工开物》
鎈钱图

民国通宝

甘肃等部分地区，有小平和当十两种。民国通宝小平钱径约 1.8 厘米，当十钱径约 2.7 ~ 2.8 厘米，钱文楷书对读，当十钱背“当十”二字直读。云南东川矿业公司所铸小平钱背有“东川”二字，天津铸造者背有“一文”字样横列等。民国通宝因为使用不广泛，发行量有限，存世量相对也不多。

民国通宝是中国流通货币中最后一种小范围铸行的方孔铜钱，可以说是中国自战国晚期秦半两方孔圆钱以来，两千年方孔铜钱的绝唱，在中国钱币史上具有比较特殊的意义。

96

兴国县商会壹枚铜元票

民国时期，江西省兴国县商会发行的代铜元壹枚的铜元票，尺寸约 33×36 毫米，和邮票差不多大小，是我国目前所见最小尺寸的纸币。正面中间有红色“壹枚”钤印，上方有“铜元代替品”字样，右侧直印“临时性质调济市面”，左侧直印“集成壹角即兑法币”，以上图文皆在交叉纹样的方框内；背面正中盖“县商会章”圆印，环绕着“兴国县商会代铜元”，四角各印“壹”“枚”，同样都在方形框内。兴国县商会铜元票约发行于 20 世纪 30 年代前后，与当时流通的其他纸币有很多不同，除了尺寸和形状上的特别，票面上也无通常惯用的编号与防伪印章。

兴国县商会壹枚铜元票发行时正值国民党币制改革时期，江西省部分山区由于法币面值高，缺少小额辅币，当地群众买卖找零很不方便。地方商会为了解决这一问题，特地发行了一批小面值的地方流通券。由于抗战时期物价飞涨，

兴国县商会
壹枚铜元票

法币不断贬值，面额虽大，实际价值却变小，小额辅币很快失去了找零兑换的作用，所以它们使用的时间短，发行量少，流通范围也很小，加上纸质轻薄，如今留存于世的也就极其稀少了。

这种小票幅纸币作为特殊时期的产物，起到了小额辅币的作用，反映了法币币值虚高、战时材料短缺等现实问题，具有特别的收藏价值和历史意义。

97

光华商店代价券柒角伍分券

西安事变后，抗日民族统一战线正式形成，国共两党实现了第二次合作。1937 年冬，陕甘革命根据地改名为陕甘宁边区，中华苏维埃人民共和国国家银行西北分行改称陕甘宁边区银行。为维护统一战线的团结，我党主动停止发行苏维埃货币，统一使用国民党政府的法币，八路军的军饷也由国民党政府拨付。法币成为陕甘宁边区的主要流通货币。当时，国民党政府发行流通的法币面额较大，军饷发放的是整币，1 元以下的辅币奇缺，交易过程中找零困难，有时竟以邮票找零，使用很不方便。为满足市场交易的需要，同时又能维护抗日统一战线的团结，1938 年 6 月，陕甘宁边区政府决定授权边区银行以延安光华商店的名义，发行 1 元以下的辅币代价券，以法币为本位，与法币并行流通，面额有贰分、伍分、壹角、贰角、伍角五种。1940 年下半年，为解决军饷和部队给养的需求，光华商店又新发行代价券——柒

陕甘宁边区银行旧址

角伍分光华券。据曾任陕甘宁边区银行行长的曹菊如回忆，印发柒角伍分面额辅币券是从南洋学来的方法，在交易中计算很方便，两张是 1.5 元，四张是 3 元。作为辅币使用也不违反国共合作关于法币的协议。

1941 年皖南事变后，国民政府停发第八路军军饷，对陕甘宁边区实行经济封锁，边区政府为了发展边区经济，于 1941 年 1 月 28 日通过了“发行边币、禁止法币在边区内流通”的决议，并收回光华商店代价券。延安光华商店代价券在发行过程中，起到了稳定市场物价和金融秩序的作用，为支持抗日战争、边区建设和巩固战略总后方作出了重大贡献。

同样在抗战时期，浙江省长兴县泗安区也临时发行过柒

延安光华商店
柒角伍分券
（正、背面）

角伍分流通券，为蜡纸油印，手写编号。其作用与光华券类似，是新四军在泗安区发行的抗币辅币流通券。抗币虽然流通时间不长，但对支援抗日战争、支持当地经济发展所起的作用是不可小觑的。

中国面额最大的纸币

98

新疆省银行60亿元

1949 年，国统区恶性通货膨胀时期，各类大额货币层出不穷，其中有一张号称中国面额最大的纸币——新疆省银行 60 亿元银行券。该纸币尺寸为 140 × 61 毫米，正面白地，青莲色花纹，上方印有“新疆省银行”，左下方印有孙中山的头像，两侧印有“陆拾亿”面额，右下方写有“折合金圆券壹万圆”；背面也是白地，青莲色图文，上方印有维吾尔文“新疆省银行”，右侧有新疆省银行大楼。

新疆省银行的前身可以追溯到清末，光绪十年（1884 年），清廷采纳左宗棠的建议，设立新疆行省，并任命刘锦棠为新疆省第一任巡抚。刘锦棠上任后，于光绪十五年（1889 年）设立新疆官钱局，因总部设在新疆省会迪化（今乌鲁木齐），故又称“迪化官钱局”，正式发行“新疆官钱票”。光绪三十四年（1908 年），新疆以原迪化官钱局为基础，设立新疆官钱总局。进入民国后，1928 年金树仁执政新疆，

新疆省银行
60 亿圆纸币

改革金融，官钱局全部停办裁撤，1930 年改建为新疆省银行。1933 年，盛世才督办主持省政，继续发行新疆省纸币。1939 年，新疆省银行改组为新疆省商业银行。1939 年 2 月，新疆省政府在中共党员、新疆财政厅代厅长毛泽民（化名周彬）的帮助下，实行币制改革，废两改元，发行新疆省币，收兑原以银两为单位的省票和喀票，停止使用银元、银块、红钱、铜元，以统一全省币制。

新疆省币面额越发越大，也有个过程。1939 年到 1942 年，大约有三年半时间。新省币开始发行只有 1 元、3 元、5 元、1 角、2 角、5 角、1 分、3 分、5 分九种，1940 年发行 10 元券，合计共 10 种面额，虽然是一种不可兑的银行券，但以银行库存金银、外币和贵重物品为发行准备金，严格控制发

新疆省银行内景

行量，因此，信用良好，币值稳定。1942 年，盛世才反动面目开始暴露，1944 年被迫离开新疆。新疆被国民政府控制，由于 1945 年 10 月运走了新疆省银行库内作为省币发行准备金的金银与外币，省币的发行失去了保证金。到 1946 年，随着国民党势力增强，法币与关金券大量流入新疆，物价迅速上涨。同时，省府军费开支大增，经济萧条导致税源缩小，为应付财政赤字，新省币大量增发，加速了货币贬值，通货膨胀愈演愈烈。1948 年 9 月，新疆省政府将新疆省商业银行又改名为新疆省银行。

1948 年，国民政府决定废弃法币，改发金圆券。远在西北边陲的新疆省也出现了前所未有的通货膨胀，金圆券如潮水般涌入新疆，迫使新发行的省币要与金圆券挂钩，这也就是纸币上并列“陆拾亿圆”“折合金圆券壹万圆”两种货币单位和金额的缘由了。1949 年初，新疆省银行发行的纸币面额越来越大，从 300 万元到 3 000 万元、6 000 万元、6 亿元、30 亿元纸币，至 1949 年 5 月发行了面值高达 60 亿元的钞票。据载，60 亿元面额的钞票在 20 天内共出库 14 次，共计 480 万张，总金额 2.88 亿亿元。然而，60 亿元面额的钞票在当时的市场购买力仅为 70 余粒米，这成了恶性通货膨胀的有力见证。1949 年 7 月 1 日，新疆省政府不得不在“财密字 121 号”文中公告：“规定自本日起，按银元壹元折省币六千亿元，限三个月全部收回，在未收回前，准按上项规定比率流通使用。”两个多月后，9 月 25 日，新疆和平解放，流通仅百余天的 60 亿元纸币随着国民政府在新疆统治的结束而消失了。

国民党在大陆最后发行的货币——

“海南银行银圆券”

1949年，随着国民党军队节节败退，国民政府所发行的金圆券完全丧失信誉，形同废纸，表面上退出流通的银圆又被民间自发地恢复使用。1949年4、5月，南京、上海相继解放，新成立的人民政府宣布自6月起停止金圆券流通，以金圆券10万元兑换人民币1元的比率，收回后销毁。

而国民政府迁到广州后曾继续发行金圆券，但其价值已形同废纸，到了1949年7月2日，国民政府行政院公布《银圆及银圆兑换券发行办法》，规定“国币以银圆为单位，自即日起恢复银本位制，银圆1元含纯银23.493 448克，所发银圆券可十足兑现银圆，在银圆未铸造充分时，银圆券得以用黄金兑现，各种银圆一律等值流通”，并规定5亿元金圆券可向中央银行兑换银圆券1元。

同时，国民党控制下的各省纷纷以省银行名义发行地方性银圆券（或银圆本票），参与市场流通。1949年10月，

“海南银行银圆券”

中华人民共和国中央人民政府已经在北京成立，广州也已解放，聚集在南方的国民党部队和党政机关纷纷撤离到海南岛。海南岛一时成了国民党在大陆的最后据点。国民党所发行的银圆券不但每日大幅度贬值，而且在海南岛出现了商铺和百姓拒绝接收的局面，银圆券已经成为废纸。

为了维持海南岛的金融秩序，国民党决定由海南特别行政区行政长官陈济棠筹建“海南银行”，并发行“海南银行银圆券”。“海南银行”于 1950 年 2 月 18 日成立，并且发行了“海南银行银圆券”。虽然当时《安定海南岛金融办法》中规定，“交易买卖一律以银圆为交收标准，禁止黄金、外币在市面行使”，但民众还是不爱使用，所以流通不广。“海南银行”计划发行的银圆券面额包括贰分、伍分、贰角、伍角、壹圆、伍圆、拾圆七种，但后两种尚未及发行，海南岛便被

民众庆祝海南岛解放

人民解放军解放。“海南银行银圆券”的纸币上没有使用蒋介石像，而是使用了孙中山的头像。

1950 年 5 月 1 日，中国人民解放军解放海南岛全岛，“海南银行”所发行的银圆券伴随着国民党的撤离而寿终正寝。“海南银行”前后运作了不到两个月，成为中国货币史上最短命的银行之一，其所发行的“海南银行银圆券”也成了国民党在大陆最后发行的钞票。

第一套人民币 水车和矿车五十元

解放战争时期，各解放区均发行边币，种类繁多、币制混乱。1948 年 7 月 21 日，中共中央指示，华北、西北和华东三大解放区的货币固定比价，相互流通，各解放区初步完成了货币统一的准备工作。1948 年 8 月 21 日，华北银行总行上报中共中央的《关于发行中国人民银行券的补充意见》中，对人民币的发行比价、票版面额、发行时间、发行步骤、发行数量和印制计划等问题都作了详细报告，并附有五个品种、七种版别的人民币设计样稿。第一批人民币的票样图版是由晋察冀边区印制局的王益久等人根据解放区人民生产建设图景而设计印制的，包括壹圆券（工农图）、伍圆券（帆船图）、拾圆券（火车站图）、伍拾圆券（水车、矿车图）、壹佰圆券（耕地图、火车站图、万寿山图）。第一批印制的人民币面额为 50 元，尺寸为 132×68 毫米，票面正上方印有楷体字“中国人民银行”字样，中间印“伍拾圆”，底部印“中华民国三十七年”，均为时任华北人民政府主席的董必武所书写。

东北解放后，人民解放军进关，平津解放指日可待。为保证平津解放后物资交流畅通，避免金融混乱，董必武提出须在平津解放之前，成立中国人民银行，统一发行人民币。1948年12月1日，董必武签发《金字第四号布告》：“为适应国民经济建设之需要，特商得山东省政府，陕甘宁、晋绥两边区政府同意，统一华北、华东、西北三区货币。决定：一、华北银行、北海银行、西北农民银行合并为中国人民银行，以原华北银行为总行。二、于本年12月1日起，发行中国人民银行钞票，定为华北、华东、西北三区的本位货币，统一流通……”中国人民银行遵照华北人民政府的决议，也于同日发出通告：“本行于本年12月1日，发行五十元、二十元、十元三种钞券……”

同日9时，中国人民银行首任货币发行科科长石雷与发行科的张馥、赵善普、安珈、吴德奎、封永山等同志将首批人民币从库房取出，部分交给前来取款的平山县银行行长，部分送往当时位于石家庄南大街的石家庄分行。石雷把伍拾圆券中编号为00000001号的人民币用冀南银行纸币按比价兑换下来留存。石雷珍藏的这张人民币面额为“伍拾圆券”，冠字为罗马字“Ⅰ Ⅱ Ⅲ”，号码为“00000001”。

第一套人民币中
的伍拾圆券
（水车、矿车图）

第一套人民币
"票王"壹万圆
（牧马图）

这张纸币，既是筹建中国人民银行，参与人民币的设计、印刷、运输、保管、发行工作的纪念，也为中国人民银行钞票史留下了珍贵史料。中国人民银行成立及第一套人民币发行，在我国金融史、货币史上具有划时代的意义。

后 记

《图史流金——中国金融之最》的出版，为上海市银行博物馆出品的系列丛书增添了新成员。本书通过“一事一文、史物相证”的方式，钩沉从古代至近代中国金融业发展长河中诞生的100项“第一”和“之最”，借此展示中国底蕴深厚、源远流长的金融历史。

本书有别于上海市银行博物馆过往编辑出版的一些研究成果。在定位上，这是一本更偏重普及性、通俗性的读物。在网络“碎片化”阅读时代，如何通过引人入胜的叙述方式，更简洁易读的图文编排，更富有新意的整体设计，让读者能有兴趣阅览一本关于金融历史的书，确实是一种考验。这也成为本书在前期选题开发、中期内容编写和后期设计出版的整个流程中，着重考虑的因素。

做好一本通俗读物，并非意味着忽略其学术性。涉及“第一”和“之最”类的书，往往因被研究对象年代久远、史料匮乏、衡量尺度不一等而伴随诸多争论。在本书编撰过程中，我们尽力多方查考资料，做了许多追本溯源的工作。对于“第一”和“之最”的定性，尽可能遵循金融、货币史研究成果中，一些权威、成熟、证据确凿的定论，并对其历史价值、意义进行较为恰如其分的解读。中国的金融历史，堪称“第一”和“之最”的内容何止千万，限于篇幅，仅择取100条，以飨读者。

本书的顺利出版，得到了上海金鼎金融历史文化发展基金会的项目资助和大力支持。中国出版集团东方出版中心的有关领导和编辑为本书的编校、设计等付出了大量的心血，并提出了许多宝贵的建议。本书编写组同仁群策群力，按时完成资料搜集和书稿撰写。在此，我们谨向所有对本书出版给予关心和帮助的单位和个人致以诚挚谢意。

由于编写时间、文献资料搜集程度和编者水平等因素，书中难免有遗憾和不当之处，敬请读者批评指正。

本书编写组

2020年10月